生まれてきたことが苦しいあなたに

最強のペシミスト・シオランの思想

大谷崇

星海社

158

SEIKAISHA
SHINSHO

まえがき

本書は、エミール・シオランの思想について扱う。シオランは、1911年に今のルーマニアに生まれ、第二次大戦後フランスで活躍した思想家・哲学者・作家・エッセイストである。

シオランは「ペシミストたちの王」とも言われるように、暗い思想で知られる。ニヒリズムの思想家と呼ばれることもよくある。暗い思想が大好きな私などはむさぼるように読んできた。彼の思想が暗いことは、次の文章だけでわかるだろう。

独りでいることが、こよなく楽しいので、ちょっとした会合の約束も、私には磔刑にひとしい。

（『告白と呪詛』6頁）

人間は、自分が呪われた存在だということをたやすく忘れてしまう。世の始まりからして、呪われているせいである。

（『告白と呪詛』39頁）

このような彼の暗黒の思想を、もっと多くの人に知ってもらいたいというのが本書執筆の動機だ。暗いことを言う人が好きなのに、シオランを知らない、読んだことがないというのはもったいないことだと思う。本書はそういう人たちにシオランを紹介することを目的のひとつとしている。

ただ、本書の目的は紹介するだけではない。本書を通して言いたいことは、こんなにネガティブなことを言うシオランは、実は私たちが人生を生き延びるためにとても役に立つ、ということだ。だから、別に暗い思想が好きというわけではない人にも読んでもらいたい。

とはいえ、たしかに彼の思想は暗いが、不思議なことに彼の文章を読むと、意気消沈するどころか、逆に元気になってしまうことがよくある。それは彼がネガティブなことをこのうえなく「生き生きと」語ってくれるからだろう。読者も本書の後に彼の本を読んで、ぜひ一度体験していただきたい。

シオランの本は、哲学の本によくあるような、専門用語が満載の難解なものではないので、予備知識なしの人でも読める。ただアイロニーと逆説を駆使した文体なので、彼の関心がどこにあるのかを知らないと、わかりにくいかもしれない。本書が、彼の関心を知る助けになれば幸いだ。

本書は、第一部と第二部と大きくふたつに分かれる。第一部は、いわば「紹介編」で、シオランの思想を、怠惰・自殺・憎悪・文明・人生・病気などさまざまなトピックにわたって具体的に紹介していくのが趣旨だ。第二部は、いわば「批判編」で、シオランの思想がいったいどういったものなのかを、批判的に見ていくことになる。

第一部は気になるトピックから読んでいただいて構わないが、第一章「怠惰と疲労」・第三章「憎悪と衰弱」・第四章「文明と衰退」だけは、数字に従ってこの順に読み進めていってもらいたい。第二部も第一部を前提しているので、第一部を読んだ後に読んでいただきたい。

このほかに、シオランの生涯について述べた章と、簡単なコラムを用意した。どちらも本編には影響しないので、後から読んでいただいても構わない。

シオランの著作からの引用にあたっては、基本的に邦訳があるものは邦訳を引用させていただいたが、一部改変した箇所があり、そのつどその旨を付記した。未訳のものからの引用は拙訳と記した。書名については、『カイエ　1957‐1972』のみ、煩雑を避けるため『カイエ』と略した。彼の著作については、巻末の参考文献の欄で一覧できる。

＊

最後に、シオランを論じる本を書くことについて弁明をしなければならない。これはお約束のようなものなので、読み飛ばしていただいても構わない。

よく「翻訳とは裏切りだ」とも言われるが、シオランについての本を書くのは、それ以上の裏切りかもしれない。まあ次の彼の発言を見てほしい。

> 自分について書かれたものを読むと、疲労と嫌悪の印象がいつも残る。こういう解剖の仕事がなんの役に立つのだろうか。批評とは軽蔑すべき活動、それどころか有害な活動だ。作品を読むこと！　これ以外は無駄なことだ。
>
> 自分では言うべきことが何もないから（あるいは、他人を介してしか言いたいことが言えないから）、いつも他人について書くのだ。

どんな愚劣な解説者にもあるバカげた思い上がり。自分独自の思想などただのひとつも考え出せなかった者が、ただ神にのみそうする権利があるように、私たちを評価するのだ。批評家は、この特権を不当に自分のものにして、自分は並の人間ではなく、自分にはすべてが許されると思い込んでいる。

（『カイエ』940-941頁）

紋切型の返答なら用意できる。自分にはすべてが許されると思ってなどいない。独自の思想を持つことと、他人の思想について書くことは無関係である。解剖・解説の仕事はけっして無駄な仕事ではない、等々。だがそれ以外には正直なところ、私はこの言葉に対する返答を持ち合わせていない。せいぜいが、まったくそのとおりです、私は自分がどんなに下司野郎かを示すためにこの本を書くのです、どうか我慢してください、とでも言うしかない。だが、次の言葉に対しては、私としてもちょっと言いたいことがある。

私にとってこの上ない屈辱となるものがあるとすれば、それはなにがしかの成功を収めたあげく、自分について書かれた本や研究書が出版されるのを目にすることだ。こういう事態は、私には無名の者という私のいまの状態よりはるかに耐えがたい。つまり私からすれば、確固たる名声を得ることほどつらい敗北はないのだ。
（『カイエ』424頁）

彼にはお気の毒だが、シオランに関する研究書や論文は世界中かなりの数にのぼり、シオランの「研究者」だと称する恥知らずも結構な数を数える。私も本書でもってその仲間に入ろうというわけだ（実は、すでに彼について論文を書いているので、その時点でアウトなのだが）。

もっとも、恥知らずの裏切り者だって言いたいことがないわけではない。そもそも本を書いて出版などをしたのは、シオランのほうだ。彼が自分の作品を出版などしなければ、その作品を注釈する裏切り者など生まれるはずもなかった。だから彼がつらい敗北をこうむったとしても、その責任の一端は彼にある——というのが、裏切り者のひとりたる私が言いたいことだ。

これに対するシオランの反論のひとつは、自分は生きるために書いたのであって、読者の存在など想定していない、というものだ。だが、個人的なノートにとどめておくのならいざしらず、それをフランスでもっとも権威のある出版社から単行本として出しておいて、それはないだろう。まあたしかに、公共の場で悪態をつかないと生きていけないような病気というのは想定できるし、それはしかたがないことだ。だが、あまりにその悪態が見事なので、ついつい聞き惚れてしまうのも、またしかたがないことではないだろうか。

だが、もし彼が実際に何も書かなかった場合、私たちはシオランの作品と出会えるはずもなかった。それはとてもとても大きな損失だ。だから、シオランには本を書いてくれたことに対して感謝したい。読者にもぜひ彼の本を読んで喜ぶという、いささか倒錯的な体験をしてほしいと思っている。そのためなら、裏切り者の汚名くらい、喜んで受けたいと思う。

目次

まえがき　3

シオランの生涯　21

出生と幼年時代　23
シビウでの生活　24
大学生活とデビュー　26
ジャーナリズム活動　29
ドイツ留学　32
ブラショフで定職に就く　33
パリへ　35

最後のルーマニアへの帰国　37
戦時下のパリで　39
出会いと別離　42
フランス語で書くことの決意　43
『崩壊概論』の成功　44
『苦渋の三段論法』の失敗　46
『実存の誘惑』、『歴史とユートピア』、『時間への失墜』　47
健康重視の生活　50
イビサでの出来事　51
シオランの成功　53
シオランの病と死　55
コラム　シオランの名前　58

第一部　シオランと見る人生と世界　62

第一章　怠惰と疲労　64

「パラサイトの生活を送りたかった」　66
私たちが押し殺している怠惰の高貴さ　69
怠惰とは行為の拒否である　71
日常的観点から見た怠惰　75
社会とは番人のいない牢獄　78
世間は怠惰より人殺しのほうに寛大　81
世界の錯乱に同調しない怠惰　85
悪の源泉としての行為　87
怠惰のユートピア　92

横たわることと、怠惰の重要性 94

第二章 自殺 98

シオランと自殺 103
自殺の観念の効用 106
自殺は解放である 109
自殺は本当の解決策か？――ショーペンハウアーとカミュ 114
最後の報復としての自殺 116
人生を偶発事とみなすこと 118
自殺の遅延としての人生 121

第三章

憎悪と衰弱

126
錯乱した世界で 129
固有の意志の争い 133
悪徳の有益さ 135
友と敵 138
憎悪とは力である 141
憎悪と怨恨の快感 145
中立の不可能性 149
無関心の無力さ 151
万能な善悪二元論 154
衰弱の利点——懐疑、寛容、自由 157
衰弱の脆弱性 163
人類全員がペシミストになる日? 165

コラム　シオランの友と敵　168

第四章　文明と衰退　174

歴史の暴虐　178
文明の強健と衰弱　181
帝国と自由国家　184
自由の逆説　187
衰弱の批判？　191
ユートピアとアポカリプス　193
野蛮の誘惑　196
自由と無関心　200

圧制者と奴隷 207
凋落の時代の役割 210

第五章
人生のむなしさ

216
人生はむなしい 219
人生の疲労 221
人生の徒労 223
それが何になる？ 226
どうせ死ぬのだから――テロリストの論理 227
勝とうが負けようがどうでもいい 230
人生に意味はないという喜び 233
人生に意味はないということが生きる理由の一つになる 236
結論、やはり人生はむなしい 238

第六章

病気と敗北 240

病気は実在する 246
苦悩は実在する 250
挫折した人間 253
敗北の礼賛 256
死と敗北 261
敗者の厄介さ、苦しみの思い上がり 263
怨恨のオデュッセイア 269
シオランのケース 271
栄光こそは一つの盗みである 275
苦しみの効用 281

第二部　シオランの失敗と「再生」　286

——生まれないことと解脱

人生へのうんざりと覚醒　290
生を厭うペシミズム　292
死は生に内在している　294
どうすれば生からも死からも救済される？　298
「解脱」と「生まれないこと」　299
生まれなければよかったのに　301
反出生主義——子供を作るべきではない　304
解脱と知恵の伝統　307
解脱は人生を克服する　310

生きたまま死者になること　312
解脱の不可能性　319
私たちは苦痛を求めてしまう　321
解脱とたもとを分かつシオラン　323
ペシミズムは人生を憎むことを愛してしまう　325
シオランの弱さ　329
ペシミズムの大失敗　333
「生きる知恵」としてのペシミズム　336
失敗のゆえに近しい　339

あとがき　341

参考文献　346

シオランの生涯

長生きしすぎた者は、自分の伝記を台なしにしてしまう。
究極のところ、挫折した運命しか、完璧なものとはみなされないのだ。

（『告白と呪詛』32頁）

さて、シオランは一般的にそれほど名前が知られているわけではない。彼の名前を初めて知ったという読者もいるだろうし、また彼の名前を知っていて、あるいは彼の本を読んだことがあっても、彼の人生についてはあまり知らないという人もいるだろう。そこで、まずシオランの生涯について簡単な紹介をしたい。この本の後の議論には影響しないので、興味のない人や、もう知っているという人は読み飛ばしてもらって構わない。だが、ちょっと変わったことを言っている人を見ると、この人はどういう人生を送っているのかなと気になってくるものだと思う。そのときにはいつでも戻ってきていただきたい。

なお、よりシオランの生涯について知りたいという人には、パトリス・ボロン『異端者シオラン』（金井裕訳、法政大学出版局）をお勧めする。同書は、原著がやや古い（1997年）のもあり、シオランの生涯を知るのに最良の本というわけではないが、2019年現在、日本語で読めるもののなかではもっとも伝記的記載が充実している。

本章の執筆にあたっては、参考文献に記載している文献のほか、プレイヤード版著作集所収の年表およびルーマニア版著作集所収の年表を参考にした。

出生と幼年時代

エミール・シオラン（Emil Cioran）は、1911年、オーストリア・ハンガリー帝国領トランシルヴァニア地方の小村、ラシナリに生まれた。ラシナリは大多数がルーマニア人の村で、シオランもルーマニア人家庭に生まれた。父は司祭、母は男爵とはいえ貴族の家出身だった。当時、聖職者は数少ない知識人階級のひとつであり、知的エリートであるとともに政治的エリートでもあった。それゆえシオランも中産階級の家庭に生まれたと言っていいだろう。彼は三人きょうだいの長男で、姉がひとり、弟がひとりいた。

トランシルヴァニア地方は1920年に第一次世界大戦の結果としてルーマニア領となり、シオランもルーマニアの教育を受けることになる。だがハンガリー人が支配していたトランシルヴァニアのルーマニア人として生まれたことは、シオランに終生変わらぬ刻印を植えつけ、それは何十年もの後の彼の著作のなかにも鮮明に見出すことができる。

シオランは自分の幼年時代について話すとき、つねに楽園のようだったと語っている。勉強もそこそこに、いつも野山を駆け回り、一日中外で遊んで、夜家に帰りご飯を食べて眠る。幼いシオランのお気に入りの場所は、彼の父親が勤めていた教会の裏の丘だった。そこには緑豊かな丘が広がっていて、その斜面の裾には墓地がたたずんでいる。彼はその丘で思う存分遊びながら、ときおり墓地に降ってきては、墓掘人から譲ってもらったしゃれこうべを蹴ってサッカーをしていた。

実際のところ、彼の幼年時代が本当に彼が描くとおりに幸福なものだったのかはわからない。ふりかえって眺めるとき、過去は美化されがちなものだし、現在の自分が幸福とはとても言えないのならなおさらだ。だが、彼が幸福だったと語っている以上、あえて疑う理由もない。幼年時代の彼はそれなりに、少なくとも未来のシオランよりはよほど幸福だったのだろう。そして重要なのは、彼が自分の幼年時代を幸福なものだとみなしていることであり、そしてその幼年時代の幸福の喪失を、アダムとイブの楽園喪失とパラレルに考えていることだ。とはいえ、彼を生涯苦しめたリュウマチの発作が初めて起きたのは、この幼年時代だ。後年シオランが楽園で幸福に暮らしているはずのアダムとイブに芽生える暗い不安を見抜いたように、彼の楽園も暗いものをかかえていたのかもしれない。

シビウでの生活

旧約聖書においてアダムとイブが楽園から追放されたように、やがてシオランの楽園時代も終わりを迎える。１９２１年、10歳になり小学校を卒業したシオランは、リセ（現在のルーマニアでは高校にあたるが、当時シオランの場合は中高一貫のようなかたち）に入るために、ラシナリのすぐ近くにある都市シビウのドイツ人家庭に下宿する。彼はこのシビウへの移動をまさしく楽園喪失になぞらえて語っている。ラシナリからの追放が楽園喪失だったとしても、彼はシビウを愛した。後年彼は愛する街としてパリ、ドレスデンと並んでシビウの名前を挙げている。

リセに通うかたわら、彼はシビウのドイツ人家庭で順調にドイツ語を習得した。彼が習得した最初の外国語はフランス語ではなくドイツ語だった。本章冒頭で名前を挙げたパトリス・ボロンも指摘しているように、このことは重要な意味を持つ。つまり、シオランは最初にフランス語よりもドイツ語の世界に親しんでいたのであって、後にフランス語の作家となる必然性はまったくなかった、ということだ。加えて、彼のドイツ語能力は、彼の人生に深刻な影響を与えたドイツ留学をもたらした。

シオランは14歳ごろから知的な読書、特に哲学と文学の読書に没頭しはじめた。彼の読書ノートが、彼のシビウの実家（父がシビウの司祭に任命されたため引っ越した）に残っている。いくつかの名前を挙げてみよう。アナトール・フランス、メレジコフスキー、ゾラ、ショーペンハウアー、フロベール、ロマン・ロラン等々。彼はこのほかにもシビウのドイツ語図書館に通い、F・シュレーゲルやノヴァーリスなどのドイツ語の本を読んでいた。
また、ロシアとの出会いも忘れてはならないだろう。「私にあるのはスラブ的なものとマジャール的なものだ。ラテン的なものなど一つもない」(『カイエ』122頁)。ドストエフスキー、トルストイ、ロザノフ、そしてシェストフ。「〔哲学の思い上がりから〕私を救ってくれたのはパスカルであり、ニーチェであり、シェストフだ」(『カイエ』201頁)。そう、もちろんニーチェも。

1928年、シオランは17歳でリセを卒業し、バカロレアに合格。試みに彼のバカロレアの成績を覗いてみよう。十段階評価で、筆記試験ではルーマニア語十点、フランス語六点、ラテン語六点。口答試験ではルーマニア語十点、フランス語九点。ルーマニア語での優秀さが光る一方で、将来のフランス語作家としては筆記試験のフランス語六点が気にかかるところだ。他にはルーマニアの歴史八点、地理八点、自然科学六点、物理・化学七点。この結果を受けてシオランはブカレスト大学の文学部に進学する。

大学生活とデビュー

ルーマニアの首都ブカレストの雰囲気は、トランシルヴァニアとはかなり違っていた。

ブカレストは当時「小パリ」の名を誇っており、ドイツ的色彩が濃厚なシビウとは異なり、フランス語とフランス文化が一番の威信を持っていた。文化的な中心地であるヴィクトリエイ通りには、パリを思わせる建物やカフェが連なり、若者が入りびたっては議論を交わしていた。もちろん、こんな光景はブカレストのごく一部かつエリートの間だけの話だったが、学生たちの間でフランス語が基礎教養のように扱われているのは事実だった。それに対してトランシルヴァニアから来たシオランはフランス語があまり話せず、コンプレックスを抱いたという。

ブカレストでシオランは読書に沈潜する生活を送った。彼は毎朝に大学図書館に来ると、そのまま夜まで十時間ぶっ続けで哲学の本を読んでいたという。彼がこんな生活を送ったのは、下宿先の部屋に暖房がなく、大学図書館に暖を取りに来ていたという事情もあった。

それでは彼はどういった本を読んでいたのだろうか。18－19歳のころの読書ノートの一部を見てみよう。まず目立つのは、ドイツ哲学の比重が大きいことだ。カント、フィヒテ、ショーペンハウアー、シュティルナー、フッサール、ジンメル、ニコライ・ハルトマン、カッシーラー、シェーラー、リッケルト、ヴィンデルバント等々。ここには出ていないが、もちろんニーチェやキルケゴール（デンマークだが）、ハイデガー、ヤスパースも読んでいた。フランス語ではベルクソンの著作やその解説に加え、ルヌーヴィエ、ブランシュヴィック、ジャンケレヴィッチ等も読んでいる。パスカルも忘れてはいけない。歴史哲学ではシュペングラーからの抜粋が抜きんでて多く、シオランの関心を物語っている。シェストフ、ソロヴィヨフ、ベルジャーエフ、それにウナムーノの名前もある。これで一部というのだから、膨大と言うほかない。

上記の読書がもたらした影響について詳述することはできないが、ここでは一例としてジンメルを挙げておこう。シオランは自分のジンメルの影響についてこう語っている。

> 私の〈哲学の〉方向をはっきり示したのは、ジンメルの次の言葉だ。この、ベルグソン小論中の言葉を、私は一九三一年ころ読んだ。「ベルグソンは生の悲劇的性質に気づかなかった――生が生であるためには、みずからを破壊しなければならない性質に。」
>
> （『カイエ』９５４頁）

生の悲劇的な性質、これこそシオランの思想の根底をなすものだ。同時に、この悲劇的な生を克服することも、仏教等を参照して模索される。そしてこのふたつの対立が本書のテーマをなすだろう。

ともあれ、彼の言葉でいえば「一種の病気、遁走」（『シオラン対談集』53頁）のように彼は読書にのめりこんだが、それには暖房以外にもうひとつ理由があった。不眠だ。

彼は17歳の頃から深刻な不眠に悩まされた。まったく眠りにつくことができず、毎晩ほぼ無人となった街をさまよい、朝三時か朝四時に帰ってきて、ようやく二時間ほど眠れるという状態だった。この不眠の苦しみの経験が彼に教えたのは、意識の過剰は不幸だということと、病気が人間に与える影響だ。彼のデビュー作『絶望のきわみで』はこの経験から生まれた。

ジャーナリズム活動

『絶望のきわみで』を書くにあたって、彼はその基となる断片を雑誌や新聞に発表していた。シオランはリセ在学中から物を書くことを始めていたが、大学に入ってから本格的に雑誌や新聞などに論説を寄稿するようになる。彼がルーマニア時代に寄稿した論説は、『孤独と運命』、および『苦悩の啓示』と題した本にまとめられている（すべてではない）。

テーマは哲学、思想、宗教、美術などさまざまだ。そのなかでも多いのは現在のルーマニアのインテリの状況を批判するものだ。ルーマニア人は自分で考えることをせず、他の人が何を言ったかについて関心を持つ。だからルーマニアには要約や解説の本しかないと。このようなシオランの論考のルーマニア批判は、やがて『ルーマニアの変容』を構成するものとなる。

面白いのは、ルーマニア人に対してではないが、三十年後のシオランも同じようなことを言っていることだ。

> いつもだれかについての、作者についての、作品についての、他人の思想についての論文、研究、本、さらには大げさな書評、無益で凡庸な解説、こういうものは、どんなにみごとなものだとしても、それで事態が変わるわけではない。個性的なもの、オリジナルなものは何もなく、すべては何かから派生したものだ。他人を語って才気を見せるより、ぶざまでも自分について語るほうがずっとましだ！　生きられたものでも、根源から流れ出たものでもない思想、こんなものになんの価値もない。頭でっかちで物知りで、精神に寄食している、あの偽の人間の姿ほど不快なものはない。
>
> （『カイエ』40－41頁）

シオランは、つねに思想なりなんなりが「生きられている」かを重視してきた。「生きられている」思想とは、その思想とともに生き、その人の人生が刻印されている思想ということだ。あるいは、思想なりを「生きる」とは、その思想のために傷を負うこと、その思想のために苦しむことだと言えるだろう。言い換えれば、その人の人生に影響を与えることだ。だからシオランは大学教授の洗練された知的遊戯よりは、乞食や売春婦の生きられた発言のほうに価値を認め続けた。

そのほかにも、本書の関心的に興味深いのは、彼が成功を批判し、失敗を称揚していることだろう。成功とは「錯覚の道」であり、成功した人々はまるで自分の能力に限界がないかのようにふるまうが、これは思い上がり以外の何物でもない。反対に、失敗は「印象深い豊かさを持つ」。読者は本書の第六章「病気と敗北」で、同じようなことをシオランが言っているのを見るだろう。たとえ若きシオランが当時はややニーチェ的に、つまり失敗は自らを乗り越える契機を与えてくれるから尊い、と考えていたとしても、彼がずっと失敗・挫折・敗北を重視し続けてきたのを見るのは面白い。

シオランは雑誌や新聞に論説を寄稿していたが、政治をテーマにすることはほとんどなかった。それどころか、彼は生や死や救済などの「真面目な」問題に取り組まず、極右や極左に走り政治にかまける同世代の若者たちを批判していた。

ドイツ留学

それが一変するのは、1933年にフンボルト財団の奨学金を得てドイツに留学してからである。ベルリンに着いたシオランは、ナチスの隆盛とそれに熱狂するドイツ国民を目撃し、魅了される。そしてルーマニアの雑誌にヒトラー礼賛の文章を載せ、政治的な論説を次々に書いていくことになる。

このシオランの「政治参加」について述べるには、それこそもう一冊の本が必要になるが、少なくとも言えるのは、彼の関心の背景には祖国ルーマニアの状況があったということだ。シオランはつねに世界でのルーマニアの地位の低さにコンプレックスを抱いていた。ドイツで起こった「国民革命」がルーマニアでも起これば、ルーマニアは変わるのではないか。ルーマニアを覚醒させせようとするシオランの試みは、後に『ルーマニアの変容』として結実することになる。

シオランは1935年までドイツに留学するが、まず、彼はベルリンに滞在し、ニコライ・ハルトマンやルートヴィヒ・クラーゲスといった哲学者の講義を聴講した。1934年の4月からミュンヘン大学に移った。同年の10月にベルリンに戻り、1935年の3月まで当地にとどまる。ドイツ留学時代の彼の行動はほとんど知られていない。関心のある少数の授業のほかは大学に行かず、ほぼ完全な孤独を保った生活を送っていたようだ。

1935年3月にベルリンを去った後、彼は初めてパリにおもむき、一ヶ月滞在する。この滞在は彼にとって運命的だったと言ってもいいだろう。このときシオランはパリに魅了され、この街に必ず戻ってくると決意を固めていた。「パリを見たときから、私にとってベルリンはゼロとなり、もはやなんの興味も湧かなくなったのです」（ガブリエル・リーチェアヌとの対談、拙訳）。

ブラショフで定職に就く

ドイツ留学を終え、ルーマニアに帰ってきた彼は、兵役義務を終えた後、1936年ルーマニアの都市ブラショフで教師を務める。短期間に終わった後の大使館勤めを除けば、彼が就いた最初で最後の定職だ。このときの彼は非常にエキセントリックな教師として名を馳せたようで、「心的なものは異常である。心的なものだけではない、論理的なものも異常である」・「同一律そのものも病的なものだ」などと言い、生徒たちから「バカの気違い」（『シオラン対談集』137頁）と呼ばれたという。自然、担当したクラスの成績があまりにも悪かったので、大臣から訓告を受けたらしい。

この1936年に、彼は『欺瞞の書』と『ルーマニアの変容』という、性質のまったく異なるふたつの本を出版している。『欺瞞の書』は、『絶望のきわみで』にまして「うねるような、バロックの文体」が爆発した詩的散文であり、音楽、エロス、愛、死、エクスタシー等について語られている。『ルーマニアの変容』は、彼の著作のなかでもっとも議論を呼ぶものであり、またフランス語への翻訳（その結果として日本語への翻訳）がもっとも遅れたルーマニア語の著作でもある。彼のルーマニア批判はこの本で頂点に達し、シュペングラー流の歴史哲学を基盤としながら、ルーマニアの政治的・歴史的地位をいかにして上昇させるかを論じている。彼の答えは、「国民集産主義」と「大衆独裁」によって達成される「国民革命」によって、というものだ。また、人種的にではないが、反ユダヤ的とみられる記述もあり、その点でも物議を醸す著作だ。本書が1990年に革命後のルーマニアで再版される際、シオランが反ユダヤ的・反ハンガリー的な記述を削除したことによって、本書はさらに議論を呼ぶことになった。現在は日本語でも読むことができる。

上記のふたつの本に加えて、ブラショフで勤務中、彼は『涙と聖者』を執筆する。この本は瀆神的な内容を含むため、最初の版元に出版を拒否され、知人の助けを借りて出版された。この本は両親や友人含め、世間から完全な不評をかった。彼の母親もこの本は出版されるべきではなかったと手紙で書いている。母は司祭の妻として信徒の女性たちをまとめる役割を担っていたのだが、こんな本を書く息子がいるのだから、あなたは私たちに何かを言う資格なんてないと言われたと。それに対してシオランは、この本は「いままでにバルカンで出版されたもののなかでもっとも宗教的な本」（『シオラン対談集』133頁）だと答えている。

パリへ

1937年、シオランはフランス学院から奨学金を支給され、パリへと出発し、パリに行くという決意を実現させた。奨学金の申請の際、彼は博士論文の計画書を提出した。それによれば、論文は「直観の条件と限界」を明らかにすることを目的とし、とりわけ「エクスタシーの認識論的機能」と「プロティノス－エックハルト－ベルクソンの系譜の意味」を扱うという。しかし実際には彼はこの論文を一文字も書こうとしなかった。1939年に進捗の報告をする際、テーマを「ニーチェとキルケゴールにおける悪と罪の観念」に変えたと書いているが、彼はこれにも手を着けなかった。

ちなみに、シオランは1938年に奨学金を延長するにあたって推薦状を二通必要としたのだが、このとき推薦状を書いてくれたひとりに、哲学者のウラジミール・ジャンケレヴィッチがいる。彼が対談で言明している、推薦状を貰うことに一度失敗した後に会った「もっと理解のあるもうひとりの教授」とは、ジャンケレヴィッチのことだろう。彼の名前は既述の読書ノートにも出てきた。そのなかで言及されていたのは、ジャンケレヴィッチの1925年の論文「ゲオルク・ジンメル　生の哲学者」だった。同じようにジンメルから影響を受けた彼らは、どんな話をしたのだろうか。

では博士論文を書かずにシオランは何をしていたかというと、彼は自転車でフランス中を回っていた。もちろんパリにいるときには、気の向いた講義に出たり、読書したり友人と会ったりしていたのだが、彼はそれ以上に自転車旅行に大きな情熱を傾けていた。ユースホステルに泊まりながら、ブルターニュ、ピレネー、アルプス、プロヴァンス、コルシカに至るまで、彼は自転車で旅をした。思いがけない副産物として、彼の不眠がよくなったことが挙げられる。一日中自転車で移動していれば、体が睡眠を欲するのは当然で、シオランはすぐに眠りこむことができるようになったのだった。これ以降も彼は運動することを好み、年をとってからも、一日に二十キロや三十キロも散歩することは珍しくなかった。

1939年に第二次世界大戦が勃発する。ルーマニア国家はシオランを含む留学生を一時ルーマニアに帰国させるが、シオランはすぐにパリに戻った。ルーマニアは当初中立だったため、フランス政府のシオランへの奨学金も1940年まで支給された。

1940年に『思想の黄昏』がルーマニアで出版される。長短のアフォリズムで構成される後のシオランのスタイルは、すでにこの著作から見られる。戦後のシオランによって改変を施され発表されたアフォリズムの原型が多く収録されている点でも興味深い。『絶望のきわみで』や『ルーマニアの変容』に比べると、この著作の出版当時の世間の反応は鈍いものだった。これには戦争という時期的なものと、『涙と聖者』の失敗も影響しているだろう。

1940年、パリはドイツ軍によって占領され、シオランはドイツ軍のパリへの行進の現場に居合わせる。

最後のルーマニアへの帰国

1940年の11月に、ルーマニアに一時帰国する。これが彼が故国ルーマニアを訪れた最後のこととなる。ルーマニアに一時帰国した理由は判然としないが、おそらくは同年にフランスからの奨学金が切れたため、金策をする必要があったのだろう。結果としてシオランは在フランスルーマニア公使館に職を得ることになる。

ルーマニアでは、1940年9月に国王カロル二世が退位し、イオン・アントネスク将軍が権力を掌握していた。アントネスクは国王と対立関係にあったルーマニア・ファシズム組織である軍団運動（鉄衛団、大天使ミカエル軍団とも呼ばれる）と協力して統治を開始した。この軍団運動に、シオランは以前から期待を寄せ、軍団運動のトップであるコルネリウ・コドレアヌに『ルーマニアの変容』を献呈していた。軍団運動とシオランはイデオロギー的に非常に異なっていたけれども、コドレアヌのカリスマ性と軍団運動は、ルーマニアにおいて唯一国民革命の主体となりうる存在だった。コドレアヌは1938年に国王の命によって暗殺されるが、シオランはこのコドレアヌを讃える文章を1940年12月にラジオで朗読する。この件に関する解釈はさまざまだ。シオランは軍団運動に媚を売ってフランスで職を得て、フランスに帰る口実としたかったのかもしれないし、あるいはコドレアヌに対する尊敬の念は真剣なものだったのかもしれない。いずれにせよ、これは確認しうる限りでシオランの最後の「政治参加」となった。

1941年2月、シオランは在フランスルーマニア公使館付の文化担当事務官に任命され、ルーマニアを離れる。これ以降、彼はルーマニアに戻ることはなかった。当時のフランスとはヴィシー政権のことであるので、公使館の本部はヴィシーにあった。シオランは当初パリに勤務していたが、やがてヴィシーに赴任するものの、すぐにパリに帰ることを検討するようになる。折もよく1941年5月に彼は同職を解任され、ドイツ軍占領下のパリに戻る。解任された理由は不明だが、公使館からブカレストへ向けた報告書のなかで、シオランの同僚とみられる人々の優秀ぶりが報告されているのに対して、シオランの事務官としての「無用性」あるいは「使えなさ」について記述があるので、彼は全然仕事をしようとしなかったのかもしれない。

戦時下のパリで

パリで彼は何をしていたのだろうか。まず彼はルーマニア語で書いていた。このときの著作が『敗者の祈禱書』と『フランスについて』であり、どちらの著作もシオランの隠しがたい疲労および倦怠と、斜陽のパリへの彼の共感を表している。いまや彼は「表層的な」フランス文化を批判するのではなく、逆にその表層性を高く評価する。このふたつの著作はどちらも草稿のままにとどまり、『敗者の祈禱書』は1991年に、『フランスについて』は彼の死後に出版された。とくに『フランスについて』の内容は、フランス語でのデビュー作『崩壊概論』のいくつかの箇所の元型となっており、これらの著作が地続きであることがうかがえる。ルーマニア語で書く以外にも、彼はルーマニア語図書館でルーマニア語の本を読んだり、ポルトガル語や英語を学習したりしていた。

戦時下のパリでのエピソードのなかでもとりわけ目を引くのは、カフェ・ド・フロールでのエピソードだろう。このカフェはサルトルとボーヴォワールが通いつめたことで有名なカフェだ。1943年から1944年の冬、パリのカフェ・ド・フロールには、サルトルとボーヴォワールのグループが集まり、連日議論をしていたが、この席にシオランも同席していた。同席どころか、シオランはサルトルのいつもすぐとなりに座っていた。奇妙なことに、シオランは一言もしゃべろうとはしなかった。ときおりボーヴォワールが煙草を出すと、彼は黙って立ち上がってその煙草に火をつけた。誰も彼が何者か訊こうとしなかったという。

シオランが何を考えていたのかは謎のままだ。いったい彼は何をしたかったのだろう。彼が言っているとおり、このカフェには暖房があったからというのはあるだろう。あるいは、シオランはすでに有名だったサルトルの言動を観察し、自分がどのような立場を取り、どのような思想を育てるべきか探っていた、という説があるが、妥当かもしれない。

この頃シオランはルーマニア語で書くかたわら、すでにフランス語で書き始めていた。1943年にフランスの雑誌に二本のフランス語の論文を寄稿している。だがそれも題材はルーマニアに関するものだった。この時期はシオランの模索の時期だと言えるだろう。

戦時中から戦後すぐにかけて、シオランは経済的にかなり困難な状況に陥った。両親からの送金も途絶えがちで、ポルトガルのルーマニア大使館に勤務していたエリアーデから煙草を送ってもらい、それをパブの入り口の前で売って糊口をしのぐこともあった。彼がどうにかして生き延びることができたのは、彼にパラサイトの才能があったからだ。というのも、「パラサイト」とは、もともとギリシャ語で「他人の食事の席に同席して食べる人」のことを意味する。つまりシオランはこの語源どおり、友人知人の食事の席にお呼ばれしてなんとか食べつないでいた。ただでごちそうになっている以上は、むっつり黙っているわけにはいかない。だからシオランはしゃべりまくり、食事の席の会話が楽しいものになり、ひいては再度食事に呼ばれるよう努力していたというわけだ。これはシオランのおしゃべりな性格が彼を救った事例だと言えるだろう。世知辛いことだが、ただで飯を食うにはそれなりの才覚と努力が必要なのだと痛感させられる。

出会いと別離

1942年、占領下のパリで、シオランは彼の人生にとって重要な出会いをする。それが生涯の伴侶シモーヌ・ブエとの出会いだ。シモーヌは当時23歳で、英語を専攻する学生だった。ある日、彼女が学食に並んでいたとき、フランス風ではない、外国人風の雰囲気を漂わせた学生が、今日は何日かと聞いてきた。それがシオランだった。その日はちょうど彼女の誕生日だったので、彼女はすぐに答えることができた。こうして出会った二人は、やがて共同生活を営むようになり、生涯を通じて連れ添い、最後には同じ墓石の下に眠りにつくことになるだろう。

この時期、シオランはひとりの友人との暴力的な別離を経験している。その友人とは、ルーマニア生まれのユダヤ人で、フランスに定住した詩人にして哲学者バンジャマン・フォンダーヌのことだ。1941年に知り合った彼らには、シェストフから影響を受けたという共通点があった。1944年、フォンダーヌは彼の妹とともに逮捕され、アウシュヴィッツに移送されることが決定する。シオランは他の友人たちとともに方々を駆け回って解放に尽力するが、フォンダーヌ自身については移送を阻止することができたけれども、彼の妹までは阻止することができなかった。フォンダーヌは妹を見捨てることを拒否し、二人は揃ってアウシュヴィッツに移送され、殺害される。この出来事はシオランに痛切な経験を与えた。彼のフォンダーヌについての追想は『オマージュの試み』において読むことができる。

フランス語で書くことの決意

戦争が終わり、平和が戻ってきた。しかし、その平和は、すぐに冷たい戦争へと変化した。いまやルーマニアはソヴィエトの勢力圏にあり、そしてシオランはパリを去るつもりはなかった。シオランはルーマニア語を捨て、以後フランス語でのみ書くことを決意する。これはルーマニアのではなく、フランスの作家となるという決意だ。

シオランがフランス語で書くことを決意した「伝説」はよく知られている。1946年の夏、シモーヌの友人が彼らをディエップに招いた。シモーヌはその後故郷のヴァンデへと出発し、シオランはディエップ近郊のオフランヴィルという街に宿をとり、マラルメの詩をルーマニア語に訳していたが、ふいにこの仕事の無意味さに気付いた。マラルメを誰も知らない言語に訳してなんになるのかと。こうしてシオランはフランス語で書く決意を固めた、というのがその内容だ。実際には、彼はその前にもフランス語で書き、この後も1949年までルーマニア人亡命団体の雑誌にルーマニア語で寄稿していたわけで、おそらく現実は伝説ほどドラマティックではなかった。しかし、彼が以後フランス語に傾注し、フランスの作家になるという決意を固めたのは事実だろうし、ルーマニア語から遠ざかったのも事実だ。加えて、彼はすでに、少数の友人を除いて、パリのルーマニア人の亡命者たちと距離をとっていたし、ルーマニア語で発表した文章も、以前に書いたものをそのまま送った可能性もある。

フランス語で書く困難について、彼は対談のなかで幾度となく語っている。自由に書くことができたルーマニア語と違い、彼は自分にとってフランス語は拘束具のようだと言っている。さらには、「うまく書く」ことへのフランス文化の執念も、困難さに拍車をかける。苦心惨憺したうえで、三度全面的に書き直したすえに完成したのが、『崩壊概論』だ。

『崩壊概論』の成功

『崩壊概論』は1949年にガリマール社から出た。出版された後のある日、シオランは普段から読んでいた新聞『コンバ』を開いて一驚する。そこでは、批評家モーリス・ナドーが「黄昏の思想家」という題でもって、『崩壊概論』をカミュの『シーシュポスの神話』と比較しつつ、シオランの登場を祝福していた。

> ついにわれわれが待ち望んだ者がやって来た——収容所と集団自殺の時代の預言者が。これまでの無と不条理の哲学者すべてがその到来を準備した、悪なるしらせ（la mauvaise nouvelle）をもたらす者が。彼を出迎えてもっと近くで眺めようではないか。彼こそわれわれの時代を証言する者なのだ。
>
> （『コンバ』（Combat）、1949年9月29日、拙訳）

シオランは『崩壊概論』でリヴァロル賞を授与される。この賞の審査員には、アンドレ・ジッド、ジャン・ポーラン、ガブリエル・マルセル、ジュール・シュペルヴィエルなどのフランス文学界の権威がいた。無名のルーマニアの若者（といっても38歳だった）が、フランスで華々しいデビューを飾ったわけで、以後シオランはフランスの作家／思想家として生きることになる。

『苦渋の三段論法』の失敗

シオランはすでに1947年からシモーヌと共同生活を始めていた。彼らはホテルの部屋をふたつ借りていたが、やがてもう一部屋借りることになった。というのも、シモーヌは両親にシオランとの共同生活を隠していて、手紙の宛先の住所を、シオランと生活している部屋とは違うものにする必要があったからだ。「当時はこういったこと［シオランとの共同生活］は無条件に許されるというわけではありませんでした」とシモーヌは語っている。「私はこんな風に言いたくなかったんですよ。『私には親しい人がいるんだけど、彼は無国籍で、無職で、一文無しで……』。もし両親の心がとても広くて、認めてくれたとしても、シオランのほうが両親に言うことを認めなかったでしょうね」（ノルベール・ドディルとの対談、拙訳）。彼女は死ぬまでシオランとの共同生活を家族親類に隠し続けたので、彼女の死後、彼女がシオランと共同生活をしていたことを知り、親類は驚いたという。

教師として働いていたシモーヌとの共同生活を始め、また『崩壊概論』が成功したおかげで、ようやくシオランは経済的には安定したが、作家としては失敗を経験してしまう。『崩壊概論』の次の著作、全編アフォリズム形式の『苦渋の三段論法』は1952年に出たが、これはまったく話題にならず、批判され、そして商業的にも失敗だった。シオラン自身もこの著作を失敗作だと考え、作品の形式をアフォリズムではなくエッセーに戻した。彼がアフォリズムを再び発表するのは1969年の『悪しき造物主』を待たなければならない。

とはいえ、『苦渋の三段論法』は1970－80年代にポケット版として再版されると、若者にとくに読まれ、シオランの本のなかでももっとも読まれる本のひとつになった。このことで、彼は本の運命というものはまったくわからないという思いを強くした。しかし、最初の出版当時の失敗はシオランにとって打撃だったのはたしかであり、シモーヌによると、シオランはあやうく筆を折りかけたという。

『実存の誘惑』、『歴史とユートピア』、『時間への失墜』

私たちにとって幸運なことに、彼はなんとか書くことを続けた。彼のフランスでの三冊目の本『実存の誘惑』は1956年に出た。これ以後、シオランは主にガリマール社の雑誌『新フランス評論（NRF）』に数ヶ月おきにエッセーを発表しながら、四－五年に一冊本としてまとめるという著述スタイルを確立する。『実存の誘惑』の評判は前作に比べれば改善し、アメリカの批評家スーザン・ソンタグがシオランを見出して書評を書いたのも『実存の誘惑』だった。この著作は、亡命をめぐってヴィトルド・ゴンブローヴィッチと、小説をめぐってモーリス・ブランショと論争になったエッセーを収録している。

ルーマニアにおいては『実存の誘惑』は一種のスキャンダルとなり、1956－57年（断続的に59年まで続く）に反シオランキャンペーンが雑誌・新聞上で繰り広げられることになる。すでにシオランは「生の新たな形式である社会主義の不倶戴天の敵」と名指しされ、著作は1948年に禁書入りし（最初は『ルーマニアの変容』のみが、後に他のルーマニア語著作とフランス語著作も）、1954年にはルーマニアの秘密警察「セクリターテ」がシオランに対する監視を開始していた。この反シオランキャンペーンは、『実存の誘惑』におけるルーマニアに対する辛辣な評価が主な原因となった。このキャンペーンに耐えかねたシオランの父は、謝罪してこのキャンペーンをやめさせてほしいとシオランに手紙を書いている。シオランが尊敬していたルーマニアの詩人・哲学者ルチアン・ブラーガもこのキャンペーンに加わり、シオランを失望させた。

1957年から個人的なノートに日々の断想を書きとめはじめ、それが後年『悪しき造物主』や『生誕の災厄』のアフォリズムの元型となる。1972年までのノートがシオランの死後シモーヌの手によってまとめられ、『カイエ』として出版される。

シオランは1960年に『歴史とユートピア』を出版したが、この著作で彼は「大いなる成功」を経験する。といってもそれは彼の生活に関するものだ。彼とシモーヌは依然ホテル暮らしをしていたが、住んでいたホテルの土地が売られることになり、退去しなければならなくなった。そこでシオランは、文学に理解があると自負していたある不動産屋の婦人に『歴史とユートピア』を献呈したところ、信じられないような格安の値段でアパルトマン（日本でいうマンション）の部屋を借りることができたのだった。それこそがオデオン街二十一番地の部屋であり、シオランとシモーヌは死ぬまでここに住み続ける。『歴史とユートピア』はまた、日本語に訳されたシオランの最初の本でもある。1967年にフランス文学者出口裕弘が同書を訳して以来、ほぼすべての著作が日本語に訳され、読者を得ており、80年代－90年代前半にはちょっとした流行を経験してもいる。管見の限りでは、『ルーマニアの変容』が訳されているのは日本のほかにない。

1964年には『時間への失墜』が出るが、あまり評判にならず、彼は紹介されるとき、つねに『崩壊概論』の著者であると紹介されることに憤っている。もはや『崩壊概論』のインパクトも忘れられがちであり、この頃の『カイエ』には、無名であることに対する苦しみと、さかさまになった誇りが明白に表れている文章が書き記されている。

健康重視の生活

この頃のシオランの生活は、つつましやかではあるものの、経済的にはシモーヌのおかげで安定していた。病気の利点を強調してやまない彼だったが、実生活ではかなりの健康重視の生活を送っていた。これも彼がつねに病気に悩まされていたからだろう。利点があるからといって、わざわざ病気にかかりたいとは思わないものだ。彼はかなり厳格な食餌療法をとっていた。消化不良と胃炎に悩んでいたので、自然有機食品を中心にとり、野菜も徹底的に煮るか蒸すかしなければならず、穀物も全粒穀物が必要だった。胃炎や不眠などの持病のため、彼は鎮静作用のあるものや、ホメオパシーの鎮静剤を大量に摂取し、彼の言葉でいえば「鎮静剤中毒」（『カイエ』312頁）にかかった。その結果として、何もやる気がでず、ということは作品にとりかかることもできず、苦しんでいるさまが『カイエ』を通して確認できる。

同じ頃、シオランは煙草もコーヒーもやめていた。1966年には次のように書いている。「タバコをやめ、コーヒーを飲まなくなって三年と五か月。私が自分の魂を失って三年と五か月」（『カイエ』443頁）。「コーヒーとタバコの子」（『カイエ』187頁）であるシオランは、往時は一日に何杯もコーヒーを飲み、何本も煙草を吸いながら執筆をしていた。健康のためにこのふたつを禁じて以来、彼は精神的不毛状態に陥ったと述べている。彼はとくに禁煙にはよほど苦労しており、その苦闘も『カイエ』に見ることができるが、禁煙したあともかなりの苦労をしたわけだ。

イビサでの出来事

シオランとシモーヌは少なくとも一年に一回、たいていは夏のバカンスのときに、ヨーロッパを旅行していた。シオランはよく旅行したが、飛行機には絶対乗らなかった。彼は飛行機に恐怖感を抱いており、それはシモーヌがフルブライト奨学金を貰い、アメリカに飛行機で行こうとするのを阻止しようとしたほどだ（結局彼は譲歩した）。だから幾度となくアメリカに招待されたものの、彼は生涯ヨーロッパから出ることはなかった。そのかわり、彼は鉄道で旅行した。彼の最新技術との相性の悪さは、彼の家にはテレビがなかったことにも表れている。彼が御せる最新の機器はラジオどまりだった。彼は自動車も嫌悪した。

そんな旅行のひとつとして、シオランとシモーヌは１９６５年と66年に、スペインの地中海に浮かぶバレアレス諸島の一島、イビサ島のタラマンカに滞在した。この場所でシオランは忘れられない体験をする。明け方の三時か四時ごろ、シオランは自殺を決行するつもりで海に突き出た断崖へ急いだ。

夜着の上に黒のレインコートをひっかけ、私は数時間その断崖の上にたたずんでいた。やがて陽が昇り、その光とともに私の暗い思いは消えうせたが、陽が昇る前から、美しい風景、道に茂るリュウゼツラン、波の音、そして空、すべてのものが私にはひどく美しく思われ、自分の計画はなかったもの、いずれにしろ性急にすぎるものと見えるほどだった。もしすべてのものが非現実だとすれば、この風景とてそうだ、と私は思った。

（『カイエ』412－413頁）

眼前にひろがる風景の美しさ、この美しい風景そのものも非現実なのだということを看取したとき、彼の希死念慮は消えていた。シオランは以後この体験を仏教の「空」の教義と結び付け、「空」がシオランの思想のなかで重きを増していくことになる。タラマンカ滞在時の覚書は、彼の死後出版された『カイエ・ド・タラマンカ』に収録されている。

以降彼は『悪しき造物主』（1969年）、『生誕の災厄』（1973年）、『四つ裂きの刑』（1979

年）と著作を出版していくが、これらに含まれるアフォリズムの相当数は、『カイエ』からそのまま、あるいは加筆修正されて収録されたものだ。『悪しき造物主』と『四つ裂きの刑』のエッセーは、シオランの仏教やインド哲学等への傾倒と葛藤を、救済と救済の不可能性を揺れ動く彼の立場を証言している。

シオランの成功

一部の時期を除いて、シオランはこれまで生涯売れない作家として過ごしてきた。1979年の『四つ裂きの刑』前後から、新聞や雑誌等でシオランに関する露出が徐々に多くなり、変化の兆しを見せ始めたが、明確に風向きが変わったのは、1986年の『オマージュの試み』からだ。シオランが「他人について初めて語った本」（シモーヌ）であるこの著作は話題になり、次の最後の著作となった1987年の『告白と呪詛』では、初版三万部が数週間で売り切れた。さらに秘密裏にノーベル文学賞の打診を受けたが、彼は固辞したという。『苦渋の三段論法』が二十年で五百部（あるいは二千部）しか売れなかったのと比べると、隔世の感がある。あるいは実際に数十年のうちに時代は移り変わっていたのだろう――シオランはそれほど変わらなかったのだけれども。

1986年に、ルーマニア語の著作である『涙の聖者』のフランス語版が出る。しかしこの（日本語訳の基にもなっている）フランス語版の訳文は、原著出版後五十年近く後のシオラン自身によって徹底的に介入され、大部分の文章を削り取られたすえに出版されたものなので、ほとんどフランスのシオランの著作と言っても過言ではない。これ以降、シオランはルーマニア語著作の翻訳の許可を出す。

1989年12月、ルーマニア革命が起こり、最高権力者ニコラエ・チャウシェスクが処刑される。シオランは祖国ルーマニアで起きた革命に心を動かされる。革命の勃発直後に受けたインタビューでは、熱気に突き動かされるままに、この革命によってルーマニアは救われた、自分がルーマニア人に下していた低評価は間違いだった、自分はずっと前からイオン・イリエスク（革命において主要な役割を演じた人物）が唯一の希望だと思ってきた、等々と語っている。他方で、革命からやや時間を置いた1992年には、「ここ数年のうちに民族として自立できないなら、おしまいですね。民族として落伍者でしょうね。現在の挫折は致命的になるでしょうね」（『シオラン対談集』258頁）と、冷めた見解を述べている。

シオランの病と死

シオランは1970年代から物をすぐ忘れるようになったと嘆いていた。シモーヌは次のようなエピソードを語っている。

〔シオランの顔が知られるようになり〕、数日後彼が街中に出たとき、あるご婦人が彼を呼び止めたんですが、彼はうまくやりました。「あなたはシオランですか?」と訊かれても、「いいえ」と答えたのです。もっと後になって——このことを思うと私は心が苦しくなるのですが、彼の病気が悪化し、記憶を失いはじめました。あるとき、街中で、「あなたはシオランですか?」と訊かれると、彼はこう答えました。「以前はそうでした」。

（ノルベール・ドディルとの対談、拙訳）

80年代の後半になると、物を書いたり読むことが困難になる。衰弱し、一日中座ったままでいることが多くなる。彼は自分が病気を患っていることを自覚し、それに苛立っていた。

ある日、シモーヌがシオランにお風呂に入るよう頼んだが、彼は何度も拒絶した。彼女は泣きだして彼のもとを離れた。彼は彼女を追いかけ、抱きしめながら彼女に「私は病人なんだ、許してくれ」と言った。彼らは心中しようと計画したが、そのうちにシオランは倒れ、もはや心中はかなわなくなった。

アルツハイマー病が発症していたことが判明するのは1993年のことだ。1993年の2月、シオランが街中で呆けた様子で座りこんでいるのが発見される。診断の結果、アルツハイマー病、静脈瘤、腎結石を患っていることがわかる。3月には自宅で転びふともを骨折し、すぐ病院に搬送される。4月には、彼が最期の時をすごすブロカ病院に移送される。

彼は意識を保っていることがどんどん少なくなり、病気が進行するにしたがって、彼はもう自分が誰かもわからなくなり、自分が書いた本のことも忘れてしまう。ある日、来訪者が持ってきた『時間への失墜』のスペイン語版を手に取ると、読みふけり、最後には「これはとても興味深い本だ。何か深いことが書いてある」と言った。あるいは、『生誕の災厄』の英語版の序文の朗読を聞くと、「そいつは私よりもうまく書くね」。それは彼自身が書いたものだと聞くと驚き、「本当かい？　なら私は私よりもうまく書くことになる」と笑った。最後には、彼は人を見ても誰のことを思い出すこともできなくなり、話すこともできなくなる。

1995年6月20日の朝九時ごろ、シオランは死ぬ。23日、パリのルーマニア正教会で、正教の儀礼に従って、モンパルナス墓地に埋葬される。正教式の埋葬はシオランの意志だという。彼は死ねばすべてが無になり、無意味だと思いつつも、懐疑論者よろしく、彼の故郷の慣習に従おうと考えてそう言ったのだろうか。それとも、たとえ少しでも故郷とのつながりを得ようとしたのだろうか。正教式を望んだ一方で、彼は自分の墓に十字架を刻まないように気を配り、それは実現した。彼は死後も私たちに困惑する矛盾を突きつけている。

1997年9月11日、シモーヌは死ぬ。故郷のヴァンデの海で泳いでいる最中の事故だった。彼女はすでにシオランの死後発見した『カイエ』の編集を終え、ガリマール社に原稿を渡していた。彼女は『カイエ』の出版を見ることなくこの世を去った。今はモンパルナス墓地に、シオランと同じ墓石の下に眠っている。

コラム

シオランの名前

シオランの名前はもうそれだけで問題含みだ。確かに言えるのは、彼はEmil Cioranとして生まれたということだ。時折彼の本名はEmil（あるいはフランス語でÉmile）Michel Cioranとして紹介されることもあるが、真実ではない。彼の出生証明書にはEmil Cioranとのみ記されている。Michelがどこから来たのかは不明だが、後年彼が筆名として採用するE. M. Cioranという名前のMをMichelと解釈したのだろう。

Emil Cioranは、ルーマニア語ではエミール・チョランと発音する。現在日本で普及しているシオランという読み方は、フランス語式の読み方だ。シオランが最初に日本に紹介されたのは、（ルーマニア出身の）フランスの作家としてだったから、フランス式に読まれたのも頷ける。

彼はルーマニア時代には一貫してEmil Cioranとして活動する。本名で執筆活動をしていたわけだ。現在のルーマニアでもEmil Cioranとして通っている。ルーマニアの本屋に行けば、どんな小さな書店でも、哲学のコーナーには、必ずといっていいほどEmil Cioranの本が並んでいる。

その後、彼は1941年に決定的にフランスに移住し、フランス語で執筆活動をするようになるが、その際彼は筆名をいくつか採用する。1943年1月、あるフランスの雑誌にルーマニアの国民的詩人ミハイ・エミネスクを論じた文章を発表した際、彼はEm. Cioranと名乗っている。同年の9月、「郷愁」を意味するルーマニア語の言葉"dor"について書いた文章では、"Emmanuel Cioran"とされている。してみれば、私たちは彼のことを「エマニュエル・シオラン」と呼んでいたかもしれないわけだ!

彼がEmmanuelという名前を採用した理由はわからない。彼はこの名前をその後二度と使っていない。ただ彼は自分のエミールEmilという本名が、フランスではあまりいい響きをしないことを気にしていた。だからフランスで作家としてデビューする際、彼はまた筆名を選ぶ。それこそが"E. M. Cioran"——今も私たちに親しみのある名前である(国文社から出ているのは「E・M・シオラン選集」だ)。これは、彼の生涯の伴侶シモーヌ・ブエによれば、イギリスの作家E・M・フォースターにならった名前だという（当時彼は英文学に熱中していて、フォースターを賞賛していた）。

その後、彼はE. M. Cioranとしてフランスで活動する。この名前は一種の仮面のようなものだったようだ。彼はあまり親しくない人への手紙には、E. M. Cioranと署名し、親しい人間にはただCioranと書いていた。これは日常生活でも同じで、彼は親しい人間にも自分のことをシオランと呼ばせ、エミールと呼ぶことを許さなかった。だから彼と四十年以上生活を共にしたシモーヌ・ブエも、彼のことをつねに名前のエミールではなく、シオランと呼んでいた。

では「エミール」はどうなったか？　彼は、自分の両親、姉弟、古いルーマニアの親友たちに対してのみ、エミールもしくはルツ（Luț、あるいはミルーツMiluțとも）というエミールの愛称を使った。エミールは、ルーマニア世界にのみとっておかれた。この名前は自分のルーマニア性を表すものだったのかもしれない。関係があるかどうかはわからないが、彼の父の名前はエミリアン（Emilian）という。エミールという自分の名を意識するたびに、彼は自分の父の名をも一緒に思い出したのだろうか？　パリで無国籍者として生きるには、Emilは彼にあまりにもルーマニアを思わせたのかもしれない。

長年彼はE. M. Cioranとして本を書いてきたが、最後の著作『告白と呪詛』において、Cioranとシンプルに記されるようになる。この決定は、シオランによるものという記述と（プレイヤード版著作集の注釈）、出版社側の決定（シモーヌ・ブエの証言）だというものと、ふたつの相反する情報がある。今のところ、私はどちらが正しいと断定できる状況にない（プレイヤード版のほうが時期的に後なので、そちらのほうが信憑性が高いとは言えるが）。

シオランによるものだとすると、彼はルーマニアのためのエミールも、フランスをはじめとする全世界のためのE. M. も捨ててしまったことになる。「断念の断念の果て」、と邦訳者の出口裕弘は書いているが、祖国を捨て、自分を守る仮面の名前すら捨てた境地に至ったのは、この亡命者にとって、なんともふさわしいことではないか——となるが、出版社側の決定というのが真相だとすると、せっかくきれいに話がまとまったのに、現実はそううまくはいかないものだ、ということになる。読者はどちらが彼にふさわしいと思うだろうか。

いずれにせよ、シオランはこの決定を受け入れた。だから以後、そして今も、彼の名前は単に「シオラン」とのみ記されるようになっている。

第一部

1

ンオランと見る人生と世界

終末の予言者であること。人々から軽蔑され、忘れられた予言者、最後の人間だけが覚えている予言者——できればそんな予言者になりたいものだ。誇大妄想の虜になると、私は、自分の警告、自分の予言がそういつまでも無視されているはずがない、いつかきっと、私のもてはやされる時が来る、最後の人間の出現を待ってさえいればいいんだ、とわが身に言いきかせる。

（『カイエ』９８４頁）

1 第一章 怠惰と疲労

私にあるよきもの、これはすべて私の怠惰の賜だ。もし私が怠惰でなかったなら、いったいだれが悪しき計画の実行を私に思いとどまらせることができたであろうか。

（『カイエ』40頁）

「パラサイトの生活を送りたかった」

実のところ、シオランは自分の書いていることを生活でそのまま実践しているわけではない。彼はとても暗い本を書くけれども、日常生活では明るく、よく笑い、人と話をするのが好きだった。また、彼は書物上では自殺を推奨したりするけれども、実際に自殺願望がある人と話すときは、たいてい自殺を奨めていなかった。ちなみに、この言行不一致の点で、ニーチェに似ているのはおもしろい。というのも、シオランはニーチェを言行不一致であるとして批判しているからである。

そんな言行不一致なシオランの言行が一致しているもののひとつに、労働の拒否と怠惰の礼賛がある。彼は22歳のときの本から71歳のときの本まで、一貫して労働を拒否し、怠惰を礼賛している。その例として、次の引用のひとつめは22歳の時の『絶望のきわみで』から、ふたつめは71歳の『告白と呪詛』からである。

> 一般に人間は労働過剰であって、この上さらに人間であり続けることなど不可能だ。労働、すなわち人間が快楽に変えた呪詛。もっぱら労働への愛のために全力をあげて働き、つまらぬ成果しかもたらさぬ努力に喜びを見出し、絶えざる労苦によってしか自己実現はできぬと考える——こ

れは理解に苦しむ言語道断のことだ。
（『絶望のきわみで』160−161頁）

根源的なものを垣間みたければ、どんな職業にもたずさわってはいけない。一日中、横になったまま、嘆いたり呻いたりすることだ。……
（『告白と呪詛』50頁）

それでは実生活ではどうかというと、彼は1936年から一年間だけ、ルーマニアの都市ブラショフで高校教員として勤めていたことがある。彼はたった一年間だけ続いたこの高校教師の職を辞するとき、「もう働きたくないものだ」と思った、と対談で語っているが、実際この一年間の高校教師のほかは、短期間のものを除けば、定職に就くことなく、「パラサイト」の生涯を終えたのだから、これはかなり言行が一致していると言ってもいいだろう。

私は働いて自分を破壊するよりも、パラサイトの生活を送りたかった。それは私にとってドグマのようなものでした。自分の自由を守るためにはどんな貧困も受け入れました。パラサイトの人生とは、つまり楽園のような素晴らしい人生ということですが、これだけが私には唯一耐えられるものだと思えたのです。…私の夢は一生奨学金で暮らすというものでした。これだけが私の気に入るものでした。

（ガブリエル・リーチェアヌとの対談、拙訳）

シオランは「パラサイトの人生」を、「周辺的なアウトサイダー、マージナルな人間」、「言葉の通常の意味で働かない人間」と言い換えている。本章では、シオランの目指したこの働かない人間という理想、この労働の拒否と怠惰の礼賛について取り上げていきたいと思う。

一般的に言って、労働および勤勉は美徳のうちに、そして怠惰は悪徳のうちに数えられる。だが、シオランによれば、怠惰はたしかに悪徳であるが、「高貴な」悪徳である。「懐疑と怠惰――彼らのあらゆる美徳より高貴な悪徳」（『崩壊概論』14頁）。

シオランが勤勉さを尊ぶ世間一般の価値観に反して怠惰を礼賛するのも、この「高貴さ」のためなのである。どうして怠惰は「高貴」なのだろうか。怠惰の高貴さとはどこにあるのだろうか。そもそも怠惰とはなんなのだろうか。

私たちが押し殺している怠惰の高貴さ

シオランは労働が大嫌いだったし、また彼は非常に怠惰だった。怠惰を運命づけられていたとさえ言ってもいい。仕事をしたいと思うときがあっても、何も手につかないことがしばしばだった。彼が日々の考えを綴った『カイエ』のページは、仕事をしたいと思うのにできないという歎きの声でいっぱいである。例えば次のような文章がある。

> 不毛、嫌悪。仕事ができない。観念めいたものすら生み出すことができない。感電死した脳髄。
>
> （『カイエ』525頁）

> もう駄目だ。こうして時間を無駄にしていていいのか。午前中、ほとんど昼ちかくになって、例によってまだ仕事に取りかかっていないのに気づき、あやうく落涙するところだった。
>
> （『カイエ』135頁）

この引用文で言われている「仕事」とは執筆活動のことだが、実のところ、シオランは執筆活動で生計を立てていたわけではない。一般に、仕事や労働と言っても、もっぱら生活のために行われる「労働」と、趣味や自己実現のために行われる「仕事」は区別されるべきだろうが（「やりがいのある仕事」とも言われるように、このふたつが同一の活動となることもしばしばだ）、ここでは一緒くたにしてしまっても差し支えない。というのも、自己実現のためにやる仕事さえ嫌なのだから、生活のためにやらざるをえない労働が嫌なのはなおさらだからだ。それに、これから説明していくように、怠惰な人間は、そもそもあらゆることがおっくうなのだ。

もちろん、シオランの怠惰は彼個人の性格や気質の問題だといえばそのとおりだ。だが、怠惰はシオラン個人の問題に尽きるわけではない。それは私たちのものでもあるからだ。多かれ少なかれ、私たちも怠惰の状態を経験している。なかにはシオランのように――もしかするとシオランよりもひどい怠惰に陥って、何もしたくない人もいるだろうし、あるいは一時は怠惰になっても、すぐに立ち直って仕事に戻れる人もいるだろう。

それでも、怠惰は私たちの問題でもあることに変わりはない。だから、もし怠惰の高貴さというものがあるとすれば、私たちはそれを経験したり、それを押し殺したりしているということになる。

これは筆者の印象だが、どうも日本の世間では、怠惰な人間はあまり目立っていないようである。過労死やいわゆるブラック労働のニュースは相変わらず絶えない。といっても、ここでそのような社会問題について直接取り組みたいわけではない。ただ、シオランが言う、私たちが押し殺しているかもしれない怠惰の高貴さに目を向け、それがどのような広がりを持っているのか、提示してみたいと思っている。

ちなみに、以下で無職の人と指して主に言っているのは、怠惰のあまり、あえて好んで無職であることを選んだ人、あるいは無職であらざるをえない人のことであって、働く気力も意志も十分あるのに、不本意ながら失業している人のことではない。もちろんこういうのはグラデーションの問題だし、後に言う中途半端な怠惰の例のように、働きたくないと思いながらも働いている人や、逆に働いていないし無職であるのを好んではいるが、将来の不安から就労を考えている人などもいるだろう。しかし以下では、かなりの程度怠惰な人のことを代表させて無職の人と呼んでいるので、ご了承願いたい。

怠惰とは行為の拒否である

前節で、怠惰は多かれ少なかれ私たちも経験しているものだと述べた。この意味で怠惰は私たちに関わりがある。そして同時に、怠惰は仕事や労働だけでなく、活動や行為一般に関わりがあるという点でも、怠惰に注目する価値はある。では、怠惰とはなんなのだろうか。先取りして言ってしまえば、そもそも行為そのもの——何かをすることそのものの拒否こそが、怠惰なのである。

朝、目が覚めても、何もやる気が出ず、ベッドや布団から身を起こすのもだるく、そのまま学校や会社を休んでしまった——こんな経験をした人は少なくないだろう。シオランは次のように言っている。

「ああ、また一日が始まった、またこの日に耐え、この日を終えなければならないのか」と考えねばならない苦しみにまさる苦しみはないでしょう。

（『シオラン対談集』254頁）

朝だ、目が覚めた。また一日が始まってしまう。なんとかこのまま時間が止まってくれないものか。いや、そんなことは無理なのはわかっている。もうすでに一日が始まってしまっていることもわかっている。あれをやらなければ、あそこに行かなければ。その前にまず起きなければ。いや、もう構うもんか、どうでもいい……。

この怠惰について、二十世紀フランスの哲学者エマニュエル・レヴィナスは、初期の著作『実存から実存者へ』のなかで、詳しく分析を行っている。レヴィナスによれば、怠惰とは、「行為に対する拒否ないし開始の不可能性」である。そして「行為は存在への登録」である以上、「行為を前にしての後ずさりとしての怠惰は、実存を前にしてのためらい、無精で実存したがらないということなのだ」(『実存から実存者へ』51–52頁)。

怠惰とは「開始の不可能性」であるというのは、よく実感できることだろう。目覚めた後、ベッドに横たわったまま願っているのは、まさに一日が始まらないことではないだろうか。一日が始まる最初の行為、すなわち起き上がることを拒否しているのではないだろうか。

実のところ、一度起き上がってしまえば、案外何事もなかったかのように顔を洗い、朝食を食べ、外出し……と一日は流れていくものなのだが、これも多くの人が実感しているのではないかと思う。最初に起き上がることこそ、一日のなかで一番つらいことだ。このように、怠惰は始めることの拒否、始まりをもたらす行為の拒否である。シオランも次のように語っている。

「開始する」――私の悪夢。何かをはじめることは、私にはつねに困難きわまりないことのように

思われる。（『カイエ』259頁）

加えて、怠惰は行為を開始することへの拒否というだけでなく、そもそも存在することへの拒否でもある。先のレヴィナスの引用文中の、「実存を前にしてのためらい、無精で実存したがらない」というのはそういうことだ。レヴィナスは、「存在する」という動詞のうちには、再帰動詞としての性格があると言う。すなわち、「ひとは「存在する」のではなく、「ひとは自らを存在する」のだ」（『実存から実存者へ』53頁）。

このような「自らを存在すること」、自らの存在の重荷を引き受けることこそ、怠惰が拒否していることだ。自分の存在を引き受け、自分のことや他のことにかかずらうこと、つまりは普通の生活、そんなのは自分なしでやってくれ、放っておいてくれ。怠惰とはこのような行為なのである。

今、怠惰は行為であると述べた。レヴィナスも指摘しているが、怠惰は行為を拒否するにもかかわらず、それでもひとつの行為であるのは確かだ。それは行為を拒否するという行為であらざるをえない。存在することの拒否は、すでに存在していないとできないことだ。

だから、怠惰は怠惰であり続けることはできず、挫折を余儀なくされている。単純に考えても、ベッドに横たわったまま何もしないでいれば、肉体的に死んでしまうだろう。それはそれで見事な行為であり、他のものとは次元の違う行為であるのだが、それでもひとつの行為であることに変わりはない。

以上、レヴィナスの助けも借りて、怠惰とは何かを考えてきた。すなわち、怠惰とは、行為の拒否、開始の拒否、存在の拒否、という行為である。これは哲学的観点から見た、怠惰の意味であると言えるだろう。それでは、シオランの言う、このような怠惰の「高貴さ」とはなんなのだろうか。怠惰のどこに高貴さがあるのだろうか。次節以降で、さらに見ていきたい。

日常的観点から見た怠惰

前節では、主に哲学的観点から怠惰を考察したが、それを受けて本節ではより社会的、あるいは日常的観点から怠惰を見て、その高貴さを探っていきたいと思う。社会的あるいは日常的観点とは、怠惰な人間が他の人々に与える影響、あるいは怠惰という状態が、社会における怠惰な人間その人に与える影響を考える視点である。

前節でも述べたように、普通に考えて、ベッドに横たわったまま何もしないでいれば、死んでしまう。だから大抵の怠惰な人間はしぶしぶ食事をする。食事だけではない。この社会では生きているだけで金がかかる。だからそれほどでもない怠惰な人間は仕事をするし、もう少し怠惰な人間は仕事もせずにだらだらする。それではこのだらだらしている人間は社会に対してどのような位置にあるのだろうか。そして社会のただなかにいる怠惰な人間の怠惰は、いかなる意味を社会に対して持つのだろうか。

当たり前の話だが、人間社会はさまざまな行為から成り立っている。それは呼吸する、食べる、寝るといったプリミティブな行為から、演説する、作曲する、計算するといった複雑な行為まで含まれる。

このような人間社会の目的は何か、人間社会は何を目指しているのか、というような問いは、大きな（大きすぎる）問いだし、議論も分かれるだろうが、ひとつ言えるのは、個人・社会の維持および再生産は前提されなければならない、ということだ。人間社会がどこに向かうにせよ、何を目的にするにせよ、社会それ自体が維持されていなくては、元も子もない。

ところで、怠惰な人間とは、この個人・社会の維持および再生産に対して気が乗らない人間のことである。そもそもベッドから起きることすら嫌で、食事さえもしぶしぶしているのだから、どうしてそんなことに気が乗るだろうか。社会からの要請にどれだけ応えるかは人によるし、怠惰がどれだけひどいかにもよる。そのなかでも怠惰がひどい人は、仕事にも就かず、他人に寄生してようやく生きていけるような生活を送ることだろう。

無職で何もしない人間に対する世間の目は厳しいものだ。それが勤勉をよしとする社会であればなおさらだ。これについて、シオランは次のように言っている。

社会というものが出来て以来、そこから逃れようとする者は迫害され、嘲笑された。君がひとつの生業を、名前の下につける肩書を、君の虚無の上に捺す印章を持ちさえすれば、あとは何をしようと構わないのだ。《俺は何もやりたくない》などと叫ぶ大胆さは、誰一人持ち合わせていない。――世間の人は、あらゆる行為から解放された精神に対してより、人殺しに対するほうが寛大である。

（『崩壊概論』256頁、一部改変）

この文章について、次の疑問が立てられる。①「君の虚無の上に捺す印章を持ちさえすれば、あとは何をしようと構わない」とは、どういう事態だろうか。②なぜ、世間の人は人殺しに対するほうが寛大なのだと言えるのだろうか。①は引用文の前半についての疑問であり、②は後半部分についての問いである。この文章全体を読解していくことで、シオランの怠惰についての考え、そして社会における怠惰な人間についての考えに迫ることができるだろう。

社会とは番人のいない牢獄

まず、①の疑問について見ていこう。繰り返しになるが、前節で引用した文章の前半部分は、次のようになっていた。

社会というものが出来て以来、そこから逃れようとする者は迫害され、嘲笑された。君がひとつの生業を、名前の下につける肩書を、君の虚無の上に捺す印章を持ちさえすれば、あとは何をしようと構わないのだ。

最初の文章については、まさに文字どおりのことを意味しており、問題ないように思える。「社会から逃れようとする者」が具体的にどういう人かというのは、その次の文章で説明されている。つまり、「ひとつの生業」を、「名前の下につける肩書」を、そして「君の虚無の上に捺す印章」を持たない人である。どんな職業に就いているか（生業）、どんな社会的ステータスを持っているか（肩書）、これらがもともとは虚無たる人間の上に押す「印章」である。それさえ持っていれば、社会はその人にとりたてて関心を向けることはない。逆に言えば、それを持たない者、つまり無職の人間、そして怠惰な人間は、迫害され、嘲笑されることになる。どちらも《俺は何もやりたくない》と叫ぶ人間であり、社会的肩書を（無職というほかは）持たない人間だ。

前節で、社会の維持および再生産が社会の重要な前提であると述べた。そして怠惰な人間は、社会が求める再生産と役割を拒否する。怠惰な人間が迫害される理由のひとつだ。仕事もせず、あらゆる社会的役割を拒否する人間は、生きていくのさえ困難な状況に陥る。社会の方でも、特に資本主義社会で顕著だが、社会の要求から逃れようとすれば死んでしまうぞと脅迫し、職業に就かせ、役割を受け入れさせようとする。シオランは次のように言う。

自由になろうと努めてみたまえ。君は餓死するだろう。社会が君を生かしておいてくれるのは、君が交互に奴隷になったり暴君になったりする、その限りにおいてである。社会とは番人のいない牢獄なのだ、――ただしそこから逃げ出せば、破滅が待ち構えている。

（『崩壊概論』180頁）

奴隷になったり暴君になったりするとは、政治的な支配関係に対しても、経済的な支配関係に対しても言えることである。奴隷であれ暴君であれ、言葉を換えれば、負け組であれ勝ち組であれ、その社会構造を承認し、その下で生きようとする限りは生かしておかれるが（実際には、その保護からすら弾き出されることも多々あるが）、あえて無職であろうなどとすれば、つまり、社会から逃れ、自由になろうと努めたりすれば、報復が待ち受けているのだ。

このように、社会は人をひとつの職業に事実上強制的に当てはめる。確かに番人はいない。人はいつでも社会から逃れようとすることはできる。だが、その破滅的な帰結でもって、番人のいない牢獄から逃れることを困難にしている。

しかし、怠惰な人間にとって、生きることすら大変な労苦なのに、その上労働が重なるというのは、二重の苦しみだ。シオランは次のように言っている。「私たちはひとつの仕事をもつことを求められている。――まるで生きることがひとつの仕事、それももっとも困難な仕事ではないかのようだ」（『思想の黄昏』116頁）。

とはいえ、うまくやってのけることは不可能なわけではない。シオラン自身も、かなりうまくやった方である。彼は売れない作家としてパートナーの女性に寄生し、生きる困難にたびたびうちひしがれながらも、ついに84歳まで生き延びた。「私の生涯の大成功といえば、職業に就かずに生き、生きることに成功したことですね」（ガブリエル・リーチェアヌとの対談、拙訳）。

とはいえ、彼は作家としての成功によって、また寄生という行為によって、完全に社会から逃れおおせたわけではないのだけれども。いずれにせよ、怠惰な人間に対しては、社会は容赦しないことは確かだ。

世間は怠惰より人殺しのほうに寛大

では、②の疑問に移ろう。先ほどの引用文の後半部分は、次のようなものだった。

《俺は何もやりたくない》などと叫ぶ大胆さは、誰一人持ち合わせていない。——世間の人は、あらゆる行為から解放された精神に対してより、人殺しに対するほうが寛大である。

なぜ、世間の人は人殺しに対するほうが寛大なのだと言えるのだろうか。ここでシオランは明らかに誇張しているが、誇張するのは、それによって際立たせたいことがあるからだ。そして彼が際立たせたいこととは、「俺は何もやりたくない」と叫ぶことは、社会にとって、ある意味で人殺しより不気味で常軌を逸したものとみなされる、ということなのだ。それはつまり、殺人は社会の通常の活動の範疇に入るが、怠惰による無為はそうではない、ということだ。

詳しく説明しよう。何かをするためには、エネルギーが必要だ。先ほどの起床の例を思い出してほしいが、ベッドから這い出るのだってエネルギーがいる。なんだってそうだ。帰宅したものの、あまりに疲れているので、シャワーを浴びるのもおっくうで、そのまま寝てしまった経験はないだろうか。休みの日には布団から出るのが遅くなるのも、誰もが経験することだと思う。何かを始めるのはエネルギーがいる。そして前節で見たように、怠惰とは、行為の拒否であり、何かを始めることの拒否だ。起き上がるのにも苦労するのだから、他の複雑な行為をするのはもっとつらいことだ。

それに加えて、何かをするためには、動機や意図、そして選択と決断が必要だ。食事や睡眠の場合、動機がとても強力なので、怠惰な人間でも動機にしたがって行動せざるをえない。その食事にしたって、選択や決断の要素につまずくことはある。食事をしようと思うのだが、何を食べるのか決められない、「なんでもいい」と思ったことはないだろうか。何かを選択し決断することも、多大なエネルギーを必要とすることのひとつだ。ところでこの動機や意図に従って計画を立て、選択し決断する、というのが、社会の通常の活動の特徴であり、そして殺人と共通する特徴なのだ。

ある人が自室の中で人を殺すことを思いついたとしよう。だが怠惰なので、すぐに計画段階でそれを放棄してしまう。どこで？　誰を？　凶器は？　計画を立てている途中で怠惰がやってくる。何とか計画を立てたとしよう。まずその人がベッドから出ることを拒否するほど怠惰な人間なら、ベッドから離れることすら労力がいることである。やっと起き上がったが、今度は部屋から出る必要がある。自分や家族を殺すつもりでないならば、自宅から出なければならない。この時点で衰弱している人間には大変な苦痛だ。それで凶器を入手して、逮捕されたくないならアリバイ工作をして、殺害場所を選定し、目標をその場所におびき出して、最後にはうまくやり遂げなければいけない。捕まることを避けようとしない場合だって、大変な労苦なことには変わりはない。

怠惰な人間は面倒くさがり屋だから、こんなことはすぐに放棄してベッドに戻ることを選ぶ。だが勤勉な人間、エネルギーに溢れている人間は、簡単にやってのけてしまうだろう。犯罪を犯すのは、怠惰な人間、衰弱した人間、ペシミスト、意志の弱い人間ではなく、勤勉な人間、生き生きしている人間、オプティミスト、意志の強い人間である。どちらの人間が社会で成功しやすいのか、言うまでもないだろう。

この意味で、世間の人は「何もやりたくない」と叫ぶ人よりも、人殺しに対するほうが寛大なのだ。なぜなら彼らは人殺しがしたかったこと、その動機に基づいて立てた計画、そして計画の実行——こうしたことについて理解できるからだ。それは通常の活動と共通しているのだ。

そして、何より人殺しはエネルギーに溢れて、活動的で、生彩があり、生き生きとしている。殺人事件のドラマと、怠惰な人間がずっと寝たままの映像、どちらを見たいと思うだろうか。だから世間の人が殺人事件のほうが好きだとしたら、それは世間の人が「正常」である証拠で、喜ぶべきことなのだと言える。

もちろん、殺人は計画なしで、激情に駆られて起こることもありうる。だが激情に従うというのもエネルギーがいることだ。感情を抱き、それに振り回されるのはとても疲れる。

だから怠惰な人間は、一時は怒りの感情が湧いても、すぐにもとに戻ってしまうだろう。

世界の錯乱に同調しない怠惰

前節までの考察の結果から、シオランの怠惰についての考えを引き出すとすれば、どういうものになるだろうか。まず、哲学的観点から見て、怠惰とは行為を拒否することだった。具体的な例でいえば、朝起きるのがおっくうで、そのまま布団に潜りこんでしまうというのがそれだ。そこでは行為の拒否、そして行為と一日を開始することの拒否、さらにはそもそも存在することの拒否が、怠惰によって示されていた。

この行為の拒否としての怠惰は、社会的観点から見れば、労働も含めた社会的役割を担うことの拒否となる。そしてこのような怠惰は、ある意味では殺人よりも世間から忌避される。それは殺人が他の社会的活動と共通の特徴を持つからであり、また殺人が非常に「生き生きとしている」のに対し、怠惰はそうではないからだ。

シオランのいう怠惰の高貴さとは、このエネルギーのなさ、生命力の衰弱、生き生きとしていない非活発性に鍵がある。つまり怠惰な人間は、殺人に代表されるような生き生きとした行為を行わないがゆえに、そのような行為から帰結する悪に手を染めないのだ。この考えをさらに展開すれば、まさしく怠惰な者、生命力に欠ける者こそが、「健全な」善人であるということになるだろう。実際シオランは次のように言っている。

私たちに健全な部分があるとすれば、それはすべて私たちの怠け癖のたまものである。行為に移ることをせず、計画や意図を実行しようとしない無能力のおかげである。〈美徳〉を養ってくれるのは、実現の不可能性、あるいは実現の拒否だ。そして、全力を出し切ろうとする意志こそが、私たちを暴虐へ誘いこみ、錯乱へと駆りたてるのである。

（『生誕の災厄』42頁）

ところで、ここでは怠惰（怠け癖）は美徳であると言われているが、本章冒頭の引用では、怠惰は「悪徳」であると言われていた。しかしこれは矛盾でもなんでもない。上記の引用ではシオランは怠惰の側に立ち、本章冒頭の引用ではその反対の立場に立っている、というだけの話だ。怠惰を擁護する方からすれば、怠惰は美徳である。シオランはこのように立場を目まぐるしく転換し、逆説的な表現を組み立てている。しかし美徳であろうと悪徳であろうと、怠惰の持つ特徴には変わりはない。

本題にもどろう。あらためて引用すれば、シオランは怠惰は「あらゆる美徳より高貴な悪徳」であると言っていた。今やこの高貴さがなんなのか、判明したと思う。何か計画や意図を実行し、全力を出し切り、本気を出して実現することは、美徳のうちに数えられるだろう。そして私たちの周りを見渡してみよう。いたるところで頑張ること、努力すること、物事に全力でぶつかることが称揚されていないだろうか。

だが、このような行為の構造は殺人のような行為、すなわち悪の行為とも共通するものであったことは、すでに見たとおりだ。私たちのいる世界は、みんなが全力を出しながら、交互に奴隷になったり暴君になったりしている、錯乱した世界である。行為や実現を拒否することで、行為の悪にも世界の錯乱にも同調しないことを示すこと、これこそがシオランの言う、怠惰の高貴さなのである。

悪の源泉としての行為

前節で、怠惰は悪の行為に同調しないと述べたが、悪という言葉については詳しく立ち入らなかったので、ここで触れておこう。とはいえ、ひとまずここまでの議論のなかでの悪は、一般的な考えそのままだ。つまり、他者に危害を加えることを指す。人殺しがその典型だ。

すでに述べたとおり、シオランは立場を目まぐるしく転換し、善悪の基準そのものについても、一般的な基準を採用するときもあれば、正反対の基準に従って書いているときもある。しかしいずれの場合でも、善悪の判断をあてはめる対象——つまり、人殺しなどの行為——は同じだ。

このことをふまえると、人殺しを含めた他者に危害を与える行為を悪と呼んでいることの場合は、一般的な善悪の基準から言っていることになる。そのうえで、たとえば他者の苦しみを取り除こうという善の側に立って発言することもできるし、逆に悪の側に立って、生き生きと生きるためには悪をなさなければならないと発言することもできる、というわけだ。一般的でない善悪の判断の基準を採用する例は、存在は悪であるとシオランが述べるときがそうだ。

さて、怠惰の高貴さとは、前節で述べたように、行為の悪と世界の錯乱に同調しないということであったが、シオランの怠惰についての思想はこれに尽きるわけではない。本節ではもう一歩先に進んでみよう。

シオランは次のように主張する。すなわち、すべての悪は行為から生ずる以上、悪を避けたいと思うならば、行為の拒否である怠惰を奨励しなければいけない、ということである。ふつう、私たちは悪を避けたいと思っているし、なるべく悪い出来事が起こってほしくないと、悪いことをしてほしくないと思っている。そのように思うならば、無為と怠惰を推奨しなければならない、というのがシオランの言っていることなのである。

つまり簡単なことで、何もしなければ悪は起きないのだ。言われてみれば当たり前の話である。だが、このことはよく考えられてはいないのではないか。あるいは、あまりに見過ごされているのではないか。もちろん、何もしなければ、悪を罰することも、阻止することもできない。だから現実では、完全に無為を実行することはほとんど不可能なことである。

しかし、そもそも何かをする奴がいるから、何かをしなければならなくなったのだ。つまり根本的に言えば、何もしなければ悪は生まれないのである。そもそもこの世に生まれなければ、私が苦しむこともなく、私がこの世に私の子を生まなければ、私の子が苦しむこともなかったのと同じように。

悪と無為について、シオランは次のように言っている。

ハムレット風の懐疑にやられた精神が他人に危害を加えた例はひとつもない。すなわち悪の原動力は、意志の緊張に、静寂主義《キエティスム》への無能力に潜んでいる。
（『崩壊概論』13－14頁）

この引用文では懐疑について言われているが、怠惰にも当てはまることである。すでに引用したように、懐疑は怠惰と同じくシオランが推奨する悪徳である。そして静寂主義への無能力とは、すなわちじっとしていることができずに、行為に向かおうとする傾向である。何もしようとしない無為症患者は、じっとしていられない働き者よりはるかに害がない。

だから、人が悪をなすことを避けたいなら、避けなければいけないと思うなら、怠惰になることが必要である。危害を加えないという意味では、怠惰な人間は善を実現しようとさえ思わないで善を実現している。善を行おうともせずに善を行っている。

これに対して、善や正義を高らかに掲げる人間がしばしば人を傷つけ、殺人さえ厭わないというのはもはや常識と言っていいだろう。歴史を引き合いに出さずとも、周りを見渡してみればそのような例はいくらでも見つかるだろう。とはいえ、善や正義を掲げない人間が他者を傷つけないかというと、決してそんなことはないのだが。

このようなシオランの怠惰と無為の思想は、彼だけが言っているわけではない。例えばパスカルの次の言葉はよく知られている。「人間の不幸はすべてただ一つのこと、すなわち、部屋に静かにとどまっていられないことに由来する」（『パンセ』前田陽一・由木康訳、中公クラシックス、2001年、100頁）。人間の悲惨さと人生のむなしさは途方もないのだが、私たちは「気晴らし」をして必死に考えまいとしている。とりわけ人生の結末である死のことを考えまいとしながら日々を過ごしている。「われわれは絶壁が見えないようにするために、何か目をさえぎるものを前方に置いた後、安心して絶壁のほうに走っているのである」（『パンセ』132頁）。とはいえ、パスカルは無為による精神の集中と省察を奨めてはいても、怠惰を奨めているわけではないことは留意しておこう。

しかし、部屋に静かにとどまっていられないことに私たちの悲惨が由来するとしても、それでも私たちは部屋の外に出ていかなければならない。出ていかなければ飢え死にしてしまう。そればかりか、たいていの場合は労働をしてお金を得なければならない。この意味では、シオランの言うとおり、「私たちの屈従は、すべて、飢え死にするだけの決心ができないことから由来する」（『崩壊概論』270頁）のである。そうやって私たちは、飢え死にしないために日々災厄をこしらえているわけだ。

怠惰のユートピア

これまで、怠惰を奨励するシオランの思想を見てきたが、次のような疑問を抱いた人もいるかもしれない。すなわち、それでは、彼が言うような怠惰な人間ばかりになったら、いったい世界や社会はどうなるのだろうか、という疑問である。

これはシオランもしばしば思いを巡らせた問いだ。そのときシオランは、この惑星が怠惰で、疲労に溢れ、退屈した人間で溢れかえることを夢見る。このヴィジョンは、力の衰弱のユートピアとも言うべきものになるだろう。彼は次のように言う。

崇高さと殺戮とにうんざりして、われわれは、世界大の規模における田舎住まいの退屈さを夢見る。（『崩壊概論』17頁）

そのようなユートピアでは、人々は「聖なる無為」（『四つ裂きの刑』54頁）に没頭しており、もはや誰一人として何もしようとせず、誰も傷つけず、誰も生き生きと生きようとしない。

シオランはこのようなユートピアを、実現の可能性があるとしたら、ある種の「歴史の終焉」の後に来るものと考えている。怠惰のユートピアは、もはや旧人類と完全に手を切るまでに進歩した（あるいは退歩した）人間たちでなければほとんど不可能である。それゆえ、このユートピアは歴史や文明といった問題と関連している。歴史や文明については、後の章で取り上げるので、ここではひとまず怠惰に絞ってシオランのヴィジョンを聞いてみよう。

> 生き残った者たちは行為の妄想から覚め、無変化、無活動の方に立ち戻って、それを愛し、それに耽し、新奇なものが見せる幻術にも、もはや惑わされまいとするだろう。
> （『四つ裂きの刑』73頁）

とはいえ、繰り返しになるが、まったく行為しないで生きることはほとんど不可能である。呼吸すらできなくなってしまう。さすがにそんなレベルまで何もしたくないわけではない、という人は多いだろう。部屋のなかでじっとしていることができる人でも、退屈が耐えがたく感じられるようになるだろう。

そこで私たちはある程度妥協して生きていくことになる。怠惰な人はとことん怠惰に、そうでもない人はある程度調整して。ここで「気晴らし」がふたたび必要とされてくる。どれほどむなしい幻影でもそれは生きるために必要なものなのだ。「われわれは、幻影なしには一刻たりとも生きることができない」（『崩壊概論』18頁）。

横たわることと、怠惰の重要性

それでも強調したいのは、たとえ不完全であったとしても、怠惰は重要な「悪徳」であるということだ。人間は直立して活動するほかにも、睡眠や休息など、横になることが必要である。そして怠惰とは物事を横にすることであり、また自らも横になることである。

> 困難な問題を解決しなければならず、重大な転機に直面したら、そういうときはいつも、ベッドにもぐり込み、待つのが一番だ。直立の姿勢で行う決断には二束三文の価値もない。それは思い上がりに、あるいは不安にそそのかされたものだから、性急なものだ。（『カイエ』950－951頁）

このかぎりでは、怠惰は意識をまどろませることはなく、むしろ覚醒させるものである。立ったまま勢いで行う決断ほど、意識を性急に規定し、可能性の幅を狭くするものもないだろう。怠惰は性急さと狭隘《きょうあい》さと、行動という魔術から私たちを解放してくれるのである。

この点に関して、次のエピソードを紹介したい。私は2014年の11月、ルーマニアに滞在していた。当地ではちょうど大統領選挙があり、街中には候補者のポスターがたくさん貼られていた。そのなかのひとつに、候補者の写真とともに、「言葉ではなく行動！」というスローガンを掲げているポスターがあった。これはもちろん陳腐なスローガンではある。しかし私は不穏なものを感じざるをえなかった。なぜなら、１９３０年代のルーマニアのファシズム組織が、まったく同じ言葉のスローガンを掲げていたと知ったばかりだったからである。もちろん、その候補者は明らかにファシストではないにもかかわらず。最終的に、その候補者は選挙に勝利し、大統領に就任した。

これにはいろいろな見方があるだろう。なぜ私たちは行動をよびかけるほうが魅力的に感じるのか、という問いも立てられる。そして言葉に依拠する民主主義政治の難しさという問題も取り出せるかもしれない。あるいは、言葉ではなく行動を呼びかける際にも、言葉を使わざるをえないという問題もそうだ。

しかしここでは、怠惰との文脈で見ていきたいと思う。怠惰に関してこのエピソードから引き出すことができるのは、怠惰は行動への呼びかけによって起きる金縛りを解除できる、ということである。行為の拒否である怠惰を自らのなかで大切にしている人は、行動が至上であるという前提を持っていない。それゆえ、怠惰な人は、横になってゆっくりと考えることができる。この実際的な重要性も、怠惰の「高貴さ」のひとつであると言えるのではないだろうか。

何かを「する」ことだけが重要なのではないのだ。この世に生まれたからには何かをしなければならない、というわけではないし、何かを生産しなければならないわけでもない。「行動したり、創造したりすることだけが問題ではない」のだ（『シオラン対談集』254頁）。

以上、怠惰の賛歌で本章を閉じたいと思うが、本章の冒頭で社会問題について触れたので、最後に一言述べたい。どうも世間では怠惰な人間は目立たないというのが筆者の印象である。だが、もしかしたら私が思っているより、社会には怠惰な人間が多いのかもしれない。目立たないだけで、思ったよりたくさんいるのかもしれない。だが、そんなに怠惰な人間が多いのに、社会がそれなりに機能している（ように見える）というのはどういうことか。もっと盛大に壊れてしまっていてもいいのではないか。

すると、問題は、神秘的な怠惰ではもちろんなく、明らかに仕事をしない「高貴な」怠惰（無職など）でもなく、怠惰でありつつも仕事もするという、それほど「高貴」ではない、中途半端な怠惰人間がたくさんいるということになるだろう。この中途半端で、それゆえとても日常的な怠惰に関しては、また機会をあらためて考えてみたいと思う。

ところで、労働を厭う人でも、うっかりいい仕事をしてしまって、上司から褒められたり、周囲から承認されたりすると、仕事を誇らしく思い、やりがいを感じてしまうこともある。これは一種巧妙な罠であって、このケースに対してシオランは苛烈な言葉を発しているので、私も含めて身に覚えのある中途半端な人は猛省してもらいたい。

命じられた仕事をやってのける満足感は（特に、仕事を信じておらず、軽蔑さえしている場合）、その人間がまだいかばかり深く、賤民の群れに根を下しているかを示すものだ。

（『生誕の災厄』219頁）

付け加えれば、シオランといえども、この中途半端さから逃れられているわけではない。彼は最後まで自殺しなかったし、作家としては、ガリマール社というフランスの超一流出版社から十冊以上の本を出し、最初は全然売れなかったとはいえ、最後には成功し、それなりに世界中で読まれ、引用される人物となった。そして社会的には、パートナーに寄生して一生を過ごした。これは見事ではあるけれども、やはり社会にとどまっていたことには変わりはない。このシオランの中途半端さには、本書の最後で触れることにしたい。

2

第二章

自殺

自殺。死ぬ前に死のう。

（『カイエ』733頁）

青春のさなかに自殺する勇気がなかった者は、
生涯そのことで自分を責めるだろう。

（『カイエ』766頁）

中学生のころのことだ。ある日学校から一人の女子生徒の姿が消えた。先生や周りの話を聞いてもはっきりしなかったのだが、どうやら自殺したらしいということがわかった。「どうして死んじゃったの」と、死んだ女子生徒と親しかった女子が、泣きながら叫んでいるのを見た。正直に言えば、当の女子生徒の名前と顔は知っていたが、特に話したこともなかったので、悲しみはとくに感じなかった。現実感もなかった。だから実のところ、この件に関してはほとんど憶えていない。ただ、泣き崩れた女子の姿と、その声は今も鮮明に記憶に残っている。

「どうして死んじゃったの」。この言葉がかけられるのはたいてい自殺者だ。私たちがその死の理由を知りたいと思う死、それが自殺だ。学校でのいじめ。貧困。未来への展望のなさ。病気の苦しみ。単に生きていることそのことに耐えかねてする人もいる。そして特段の理由もなく自殺する人もいるだろう。

自殺について語ることが難しいのは、自殺した人はもう一切語ってくれず、それができるのはまだ自殺していない生者——生きている者だけだということだ。もっともこれは自殺に限らない。死そのものが、生者と死者を究極的に分かつ性質を持っている。イヨネスコの戯曲「瀕死の王さま」の王さまは、死の恐怖のあまり、死者へとこう呼びかける。

きみたち、数かぎりなく、おれの前に死んでいった人たち、みんなおれを助けてくれ。死ぬために、死を受け入れるために、きみたちはどんなことをしてみたのか。それを話してくれ。〔中略〕ほんのしばらくでいい、あの世から戻ってきて、おれを助けてくれ。

（「瀕死の王さま」大久保輝臣訳、『イヨネスコ戯曲全集3』、白水社、1969年、250頁）

しかし死者が呼びかけに答えることはない。死者は私たちに何も語らない。だから、反対に、死者は私たち生者に語られるがままになる。死者について語れるのは生者だけである。この事態をサルトルは、「死者であるとは、生者たちの餌食となることである」と表現した（『存在と無─現象学的存在論の試み』松浪信三郎訳、ちくま学芸文庫、2008年、288頁）。

だから、自殺についても、私たち生者はおずおずと探求していく他ない。これはシオランの場合も同様だ。彼はいまや死者であるけれども、彼が自殺について語った言葉も、結局は生者として語った言葉である。それは生者──こちら側の人間が、自殺という、あちら側へと自分の意志により赴くことについて語ったことである。そして自殺は、すでに自殺した者たちの問題であるだけでなく、将来その選択を迫られるかもしれない、私たちの問題でもある。
本章では、シオランが自殺についてどう考えていたのかを紹介していきたい。彼が自殺について語った言葉は多い。そのなかに、次のようなものがある。

死んだほうがよいと思ったときいつでも死ねる力があるからこそ、わたしは生きている。自殺という観念をもたなかったら、ずっと以前にわたしは自殺していたであろう。

（『苦渋の三段論法』78頁）

俺は自殺するつもりだと考えるのは健康にとってよいことだ。この問題以上に疲れを癒してくれるものはない。この問題に取り組み始めると、私たちはたちまちほっとした気分になる。この問題を考えることは、ほとんど自殺行為そのものと同じように私たちを自由にしてくれるのである。

（『悪しき造物主』82頁）

ふつう、自殺の観念を持ち、それに追い回される人ほど、自殺しやすそうなものではないだろうか。なぜ、自殺の観念が健康によいものであったり、生きる手助けになったりするのだろうか。

この問いを念頭に置きながら、まずは彼の自殺との関わりについて整理してから、この問いへの回答を試みることにしたい。先に言ってしまえば、私たちはどんどん自殺しようと思うべきだという結論になるだろう。それで最終的に本当に自殺に至ってしまうとしてもだ。いったいなぜ？　それは読み進めるうちに明らかになっていくと思う。

シオランと自殺

まず、彼の自殺との関わりについて触れておきたい。五十年を超える執筆活動のなかで、シオランは自殺についてたえず論じてきた。彼につきまとって離れない問題だったと言ってもいい。例えば、22歳の時のデビュー作『絶望のきわみで』には、次のようにある。

> 自殺において重要なのは、もはや生きることができぬという事実であり、この事実はむら気に由来するのではなく、もっとも恐ろしい内部の悲劇に由来するのだ。〔中略〕私が驚くのは、人々が自殺の序列をいまだに探していることだ。自殺の理由の高貴さだの俗悪さだのに応じて自殺を分類しようとすることほど、馬鹿げたことはない。理由など探すまでもなく、生を捨て去ることはそれ自体すでに十分に印象的なことではないか。
>
> （『絶望のきわみで』90頁）

もはや生きることができない。このことが「むら気に由来するのではなく、もっとも恐ろしい内部の悲劇に由来する」とは、人が自殺するのは一時の気の迷いや外的要因からではなく、傷つきやすさや生きづらさなど、その人の内的性向に由来するということである。

この内的性向は後年の58歳のシオランによって「生れついての非適応性」と呼ばれる。そのような人は、「自殺しやすい傾向をもっている」のでさえなく、「自殺を運命づけられている」とまでシオランは言う。そのような人はこの世界に属する者ではない。「自殺を運命づけられている者は、たまたまこの世界の者であるにすぎず、［そればかりか］実はいかなる世界の者でもないのである」（『悪しき造物主』75頁、一部改変）。

そして、71歳の時の最後の著作『告白と呪詛』では、彼はこう言っている。

> 一日また一日と、私は「自殺」と手をたずさえつつ生きてきた。自殺をあしざまにいうのは、私からすれば、不正、恩知らずのたぐいだ。自殺ほど理にかなった、自然な行為があるだろうか。自殺の反対物を考えてみるがいい。この世に在ろうとする気狂いじみた欲求がそれだ。人間の、骨がらみの病い、病いの中の病い、わが病い。
>
> （『告白と呪詛』74頁）

また実生活でも、彼の言うところを信じるならば、彼はしばしば自殺を試みた。そのなかには、後に詳しく触れるが、寸前のところまで行った例もある。スペインのイビサ島では、断崖から身を投げようとした。アルツハイマー病を患っていると判明してからは、共に生活していたパートナーの女性と、泣きながら一緒に死のうと約束し合った。とはいえ彼は結局自殺せず、1995年に84歳でパリの病院のベッドの上で死んだ。

自殺についてシオランが記した言葉は多い。だが自殺についてこれほど彼が書くことができたのは、結局自殺をしなかったからである。彼自身も次のように言っている。

一冊の本は、延期された自殺だ。

（『生誕の災厄』134頁）

彼が不眠に苦しめられ、自殺を決意して街中に出ていくのは夜のことだった。そして彼が執筆をするのもたいてい夜だった。彼が自らの「憂鬱」と「悪意」とを言葉にし、書物にこめることによって、彼はたえず自殺を先延ばしにすることができたのだった。

ここには自殺それ自体よりも、自殺という「観念の効用」の問題がある。つまり、自殺をたえず思うことによって、逆説的に、彼は生き延びることができた、あるいは生き延びてしまった、ということである。これは本章冒頭で触れた、自殺するつもりだと考えることは健康によいとか、自殺という観念を持たなかったら自分はずっと以前に自殺していただろう、という考えと同じ発想だ。

自殺の観念の効用

それではこの自殺という観念の効用とはなんだろうか。私たちが日々の生活を送るなかで、当然うまくいかないときも存在する。あるいはうまくいかないことのほうが多いかもしれない。そういう追いつめられたときに助けとなるのが、自殺の観念なのだ。

私たちは、望めばいつでも自殺することができる。つまり、いつでも逃げ出すことができるのである。私たちには自殺という逃げ道がつねに用意されている。このように考えるのは、実はとても「ポジティブな」効果をもたらす。その利点はふたつある。ひとつめは、いつでも自殺することができると考えることで、自分の人生を自分で支配している感覚が生まれることだ。

われわれが自分の人生を自分でどうにかすることができる機会など、そうはない。この世界に生まれたということからして、そもそも私たちが望んだことではない。私たちは自分の人生を始めるにあたって、選択することはできなかった。人生の始まりもそうだし、人生の内容もそうだ。私たちがこうした肉体を持つように生まれたことも、そして家庭、学校、職場などの環境も、どれだけ私たちの意志が通ったと言えるだろうか。それは責任という観念が成立するのか危うくなるほどだ。

責任という問題は、出生以前に私たちが相談を受け、現在ただいまそうあるがごとき人間になってよい、と同意したのでなければ、そもそも意味を持ちえないはずである。(『生誕の災厄』131頁)

このような人生において、自分の歩む道を、自分自身によって、しかもこの上なく決定的に左右することができるのが、自殺だ。それはまさしく自由そのものだ。そして一種の力、権力の感覚でもある。私の選択と行動によって、一切を終わりにできるのだ。なんという力だろう！　この感覚によって、自分に対する尊敬と自信が湧いてくるとシオランは言う(『悪しき造物主』78頁)。

あるいは、このような「自由」はまやかしだと言う人もいるかもしれない。たしかに、実際に自殺するとき、厳密な意味でその人が自由かといえば、自由でないことが圧倒的に多いだろう。私たちが何もプレッシャーがない中で自由に考えた結果、自殺を結論づけるといった状況は非現実的だ。

しかしここでは、自由に自殺することができるという観念が問題になっているのだ。そして実際に自殺の観念が「ポジティブな」効果をもたらすとき、それがまやかしだろうと幻想だろうと、実際にその観念は効力を持っている。その幻想に従って人は自殺したりしなかったりする。だからこの幻想は非常に現実的で切実な幻想だ。

利点のふたつめは、いつでも自殺できると考えることで、残りの人生が一種の余生となることだ。自由な逃げ道があることで、安心できる可能性、生き続けられる可能性が生まれてくる。いわばそれ以降の人生は、もう破綻してしまった人生の、ささやかな延長戦となる。いつでも逃げられるのならば、もう少し続けてもいいのではないか。逆に、そのような余生になったからこそ、はじめて見えてくるものもあるだろう。いやになったらやめてしまえばいいのだ。

無責任だろうか？　しかし考えてみてほしい。そもそも、人生はもう破綻しているのだ。自殺の観念以外に生きる助けがないときに露わとなるのは、それ以外の手段の無力さである。人を生きさせて、何かをさせようとする側が、そのくせ何もしない。そのほうがよほど無責任ではないだろうか。それに、自殺を考えるまで追い詰められている人に、なぜこれ以上の重荷を担わせようとするのか。反対に、自殺の観念は、自殺という「希望」を与えてくれる。シオランは、希望には基盤がないと言っている。しかしこの自殺という希望は、唯一基盤がある希望かもしれない。

自殺は解放である

この自殺という観念の効用がどこから来るかといえば、それは自殺が「解放」であることに由来している。なぜ解放なのかといえば、それは即座に人生を終わりにできるからだ。人生と決定的に縁を切ることができるがゆえに、自殺の観念は私たちに自由を感じさせる。自殺が解放するのは、人生そのものから、そして人生の苦しみからだ。それは私がいま耐えている病気、その病気の苦しみ、そして苦しみに支配される人生からの解放だ。

このことは、死んだ後は無になるという考えを、必然的に前提とするわけではない。来世や輪廻転生を信じていても、自殺することはありうる。そのときは、自殺を禁じている宗教を信じているのであれば、来世の損得計算では損をするとわかっていても、一時的な解放として自殺に惹かれるということだろう。あるいは単にやり直しという感覚で自殺をすることもありうるだろう。

しかしもっとも終わりが際立ち、そして解放が完全となるのは、死んだ後は無になるという考えとあわさったときである。私が死ねば、私は消滅する。私が感じていた苦しみも消滅する。感じる私がそもそも存在しないのだから。

こう考えると、死そのものが解放の意味合いを持つ。そもそも自殺とは、自身に死を与える行為であるから、人生と人生の苦しみから逃れるために赴く先が死である以上、そうならざるをえない。ただし、シオランは死は必ずしも解放とは感じられないと言う。

> 死は必ずしも解放とは感じられない。自殺はつねに解放であり、つまりは救済の極点、発作である。
>
> （『悪しき造物主』80－81頁）

自殺ではない死が必ずしも解放と感じられないのは、望まれない死が存在する以上、当然のことだろう。人生で成功し、なにもかも達成してきて、充実した人生を送ってきた人間が死を恐れるとき、その死は解放どころか、残酷な否定として現れる。それはシオランが次のように言っているとおりだ。

死は、失敗の好みを持ち、天分を持つような人間の庇護者である。成功を収めなかった者、成功への執念を燃やさなかったすべての者にとっては、一個の褒賞である。〔中略〕死はその種の人間のほうに理ありとする。死は彼らの勝利なのだ。逆に死は、成功のために骨身を削り、ついに成功を収めた人間たちにとって、なんという残酷な否認、なんという痛烈な平手打ちであることか!

（『生誕の災厄』258頁）

この残酷さが際立つのは、やはり死後は無になるという考えとあわさったときである。苦労した上の成功も結局無に帰し、なんのために骨身を削ってきたのかわからなくなるとき、すべてが無意味だったと思いながら死ぬとき、死を解放と感じられないのも無理はない。反対に自殺は、程度の差はあれ、つねに望まれた、私たちのほうから進んで死のほうへ歩みよる、意志的な死だ。だからそれはつねに解放なのだ。

死ねば無になる。この考えは私たちを恐怖させもするし、また安心させもする。私たちが抱くこのふたつの感情は、死が終わり、それも決定的な終わりであることから来る。かたや人生が終わってしまうという恐怖がある。かたや人生を終わらせることができるという安堵の心がある。死を恐怖する人にとっては、この事態は不公平に感じられるかもしれない。だがシオランは、次のように、死は万人を満足させる最上のものであると言っている。

> 誰がなんと言おうと、死は自然が、万人を満足させるべく見つけだした最上のものである。人間ひとりひとりと共に、一切が消滅し、一切が永遠に休止する。なんという利益、なんという特典の濫用だろう！　いかなる労力も費やさずに、私たちは宇宙を自由にし、おのが消滅のなかへ宇宙を引きずりこむのだ。まさしく、死ぬとは不倫のわざである。……
>
> （『生誕の災厄』134頁）

だがおそらく、シオランは死は本当の意味で最上であると考えているわけではないと思う。なぜなら、本当の意味で最上であるのは、そもそも生まれないことであるから。生まれなければ、生きる苦しみを受けることも、死の恐怖に苛まれることもなかったのだ。

出生以前には、世に存在しないという好運にもあずかることができた。いまや私たちは存在しており、この存在の小部分、つまりは不運の小部分こそが、消滅することを烈しく恐れるのである。

（『生誕の災厄』129頁）

死によって人間は、存在を開始する以前の状態に戻るにすぎない、というのがもし真実なら、純粋な可能性を固守して、そこから身じろぎもしないほうがよかったのではないか？

（『生誕の災厄』192頁）

だから死は、あくまで次善の解決策であることになる。死は不幸にも生まれてしまった私たち万人を、ある程度満足させる。これはつまり、人間にとって、永遠の命を持つよりも、死ぬほうがましである、とシオランは考えているということでもある。終わりがあるというのはなんと素晴らしいことだろう。反対に、人生の苦しみが永遠に続くことほど、忌まわしいものもないだろう。

このような死後の無という考えとあわさったとき、自殺する人は、自分の意志によるだけで一切を無にすることができるという、絶大な権力を持つようになる。

どんな専制君主でも、自殺を思い定めた名もない男が享有するほどの権力を、かつて手中にしたことはあるまい。
（『生誕の災厄』137頁）

この理由によって、自殺の観念は、それを抱く人に自由と解放の感覚を与えるのである。

自殺は本当の解決策か？――ショーペンハウアーとカミュ

この自殺は解放であるというシオランの主張は、自殺は本当の解決策ではないという主張と対立している。後者の主張をする人物としては、ショーペンハウアーおよびカミュが挙げられる。たとえば、ショーペンハウアーは、主著『意志と表象としての世界』で、次のように述べている。

自殺は意志の否定であるどころか、むしろ意志の強烈な肯定のひとつの現象である。〔中略〕もともと自殺者は生を欲しているのだ。自殺するのはただ、現在の自分の置かれている諸条件に満足できないというだけの話なのである。だからして自殺者はけっして生きんとする意志を放棄するのではなく、ただ単に生を放棄して、個別の現象を破壊するにとどまっている。

（『意志と表象としての世界 III』西尾幹二訳、中公クラシックス、2004年、210頁）

ショーペンハウアーは、「意志」を世界の根源的な本質として考えている。この意志は「生きんとする盲目的な意志」であり、たえず盲目的に生のほうに向かっていく。人間はこの意志が個体化し、現象したものである。だからある人が自殺をしても、それはその人という、ひとつの個別の現象が破壊されただけで、意志という本体は手付かずで残っている。だが、本当の救済は、意志という本体そのものの否定なのである。そして意志の否定は、物理的破壊ではなく、「認識」によってなされる。ショーペンハウアーは自殺に反対する自分の議論をこう要約している。

自殺はこの悲哀の世界からの真実の救済の代わりに、単なる仮象的な救済を差し出すことによって、最高の倫理的目標への到達に反抗することになる。

（『自殺について 他四篇』斎藤信治訳、岩波文庫、1979年、78頁）

自殺に反対する根拠としてショーペンハウアーが認めるのは唯一この議論であり、他の場合には彼は自殺および自殺者に非常に同情的・共感的であることは留意する必要がある。それでもやはり、自殺は仮象的な救済にとどまるとは言えるだろう。

カミュの場合も、ショーペンハウアーと同じタイプの議論といえる。正確にいえば、カミュにおいては、自殺は生の「不条理さ」の肯定となる。この不条理な世界と人生から逃れようと自殺しても、それは本当に世界と人生の不条理さを否定していることにならない。むしろ自殺によってその不条理さに降伏し、同意してしまっている。この不条理さを本当に否定するためには、生きながら反抗しなければならない。カミュにとって重要なのは、不条理を解消することではなく、不条理な生のただなかで、抗い続けることである。

最後の報復としての自殺

以上のような、自殺は本当の解決にはならないというショーペンハウアーとカミュの主張に対して、シオランは自殺はまさしく解決であり、決定的な解放であると考えていたことは、先に見たとおりだ。

カミュとは異なり、シオランにとって、自殺こそがこの世界に対する抵抗なのであり、あるいは不条理という言葉を使えば、否応なく生まれたという、生誕の不条理に対する否定である。自殺だけが、選択して生まれてきたわけではない私たちに可能な、唯一の返答だ。それはこの世界に対する最後の報復でもある。

どうして自殺は〈解決〉なのか。それだけが、私たちが選んだわけではない生誕への、私たちの唯一の返答だから。私たちがそこではなんの意味ももたぬ行為に対する個人的な行為。自殺こそは〈私〉の最後の報復だ。（『カイエ』７９３頁）

「思いどおりになったら来はしなかった。思いどおりになるものなら誰が行くものか?」（オマル・ハイヤーム『ルバイヤート』小川亮作訳、岩波文庫、１９４８年、23頁）。私たちが生まれるとき、そのときに私たちの意向が関わることはなかった。生誕の際には、私たちの意向などは「なんの意味も」なかった。そのような生誕に対する個人的な行為が自殺であり、同時に最後の返答であり報復であるのだ。

返答であり報復。ここには生まれてきたことに対するシオランの苦渋の感情が表現されている。「ああ！ 自制することができなかった、あの両親たち！」（『カイエ』３６６頁）。『生誕の災厄』、直訳すると『生まれたことの不都合さについて』という著作の題名からも容易にわかるとおり、シオランにとって、人生はそもそも存在しないほうがよいものだ。私は生まれないほうがよかったし、人間も生まれないほうがよかった。だから、これ以上人間を生むべきではない。

このような思想は「反出生主義」と呼ばれる。子供を生むことは倫理的に悪であると主張する立場である。シオランは理論的に反出生主義を主張しているわけではないが、人は生まれないほうがいいし、子供を生むべきではないというのは彼の一貫した考えである。この彼の反出生主義思想については、本書の第二部でふれることにしたい。

ともあれ、このような生誕によって始まった人生、そしてこのような事態を強制的にもたらす世界に対して、自殺は否という返答を突きつけるのだ。

人生を偶発事とみなすこと

以上、自殺の観念がもたらす利点について述べてきたが、この観念にはさらにもうひとつの利点がある。それは、先ほどふれた、人生が余生になるということと関連している。人生が余生になるとは、それはいつ終わりを迎えても構わないものになるということだった。まだ終わりは来ていないが、いつ来てもいい。これは言い換えれば、私たちが生きているのはたまたまのことにすぎないということだ。そのときがまだ偶然来ていないだけだ。そして自殺の瞬間すらも、いつか偶然にやってくるだろう。あるいはその前に死が、事故か病気かはわからないが、私たちの人生に終わりをもたらすだろう。
考えてみれば、そもそも私たちが生まれたことすら、ほとんど偶然の産物ではないだろうか。このことについて、シオランは不眠に悩まされていた若い頃の自分と母親とのエピソードを次のように話している。

〔不眠の〕危機のあまり、私はベッドに身を投げてこう言いました。「もうだめだ！　もうだめだ！」。すると司祭の妻であった母が私にこう返しました。「もし知っていたならば、堕胎していたのに」。このことは突然私に巨大な喜びをもたらしました。私は自分に言ったものです。なら自分はただの偶然の産物なのだ、これ以上何が必要だというのか？

（ガブリエル・リーチェアヌとの対談、拙訳）

自分は偶然の産物であるという考えによって、私たちは生存を真面目なものとみなすのをやめることができる。その結果、「私たちは生存をその発端の状態に、原初の無意味さに連れ戻す」。そのような人間は「おのが日々の主人となり」、「彼の生存は彼の思いのままとなるだろう」。一言でいえば、その人は「奴隷ではなくなるだろう」(『悪しき造物主』94頁)。

生誕と鉄鎖とは同義語である。この世に出てくるとは、手錠をかけられることだ。

(『生誕の災厄』276頁)

人生をたんに偶然なものとみなすことで、私たちは人生から自由になることができる。しかしこれは実際には容易なことではない。それはシオランが「それには奇蹟にも似た努力が必要であろう」と言っているとおりだ。私たちは本当に自分の人生を偶然的なものとみなすことができるのだろうか。どうしたらそのようなことができるのだろうか。この件についても詳しくは第二部で扱うことにしたいが、とにかく、自分は偶然の産物であるという考え、ひいては自殺の観念が、このような状態の可能性を作り出してくれることは間違いない。

自殺の遅延としての人生

自殺の観念は、いわば最後の砦である。自殺という観念にすがって生きるのはたしかに汚いかもしれない。自殺する自殺すると言いながら、自殺しないのは意地汚いかもしれない。それはちょうど、結局は自殺しなかったシオランのように。それはそうだ。だがそれは人生そのものの悲惨さに由来するのではないだろうか。自殺という観念にすがらなければ生きていけないような状態もあるし、それでようやく生きていける人たちもいる。その人たちにとって、自殺の観念は、本当に自殺するまでの、短いが確かな綱だ。それがどれほど短いものであろうとも、確かなものであるのは変わりがない。

そして、もし世間で言われているように、生きることがよいことであるならば、生きることはどうあっても肯定されなければいけないならば、自殺の観念によって生きることは称えられなければいけないだろうし、自殺の観念にも多大な感謝がささげられてしかるべきだろう。

そのような綱に支えられた人生は、たんに偶然的に生きているにすぎない人生となる。私は生きているが、たまたま自殺していないにすぎない。そしてたまたま生きているにすぎない。人生はそのときが来るまでの余生だ。そしてそれは自殺の観念のおかげだ。

だから人生は自殺の遅延である。

〔若いころから自殺についての考察を続けてきた理由は、〕人生を自殺の遅延と考えているからです。三十歳を過ぎて自分は生きていないだろうと思ってました。臆病だったからでないので、私はいつだって自殺を延期してきた。自殺という考えに私はしがみついてきた。自殺に私は寄生してきたんです。だが同時に生存への欲求もまた私のなかでとても強かったんです。

（ジェイソン・ワイスとの対談、ジェイソン・ワイス『危険を冒して書く：異色作家たちへのパリ・インタヴュー』浅野敏夫訳、法政大学出版局、1993年、33頁）

遅延して遅延して、遅延する。自然死や事故死まで遅延した場合もあれば、それが来る前に限界に達し、自殺する場合もある。自殺の観念は、この遅延を助けることができる。限界が来れば、そのときはそのときだ。

ところで、この限界とはなんだろうか？　シオランは、一例として、それは笑えなくなったときだと言っている。

最近、ある旧知の友人から手紙をもらいましたが、彼が言うには、人生にはもうなんの興味も湧かないというんですよ。私はこう答えました、「忠告が欲しいというなら、ま、こういうことかな。もう笑う気が起こらなくなったら、それが潮時と思うべきだね。でも笑う気持ちがあるうちは、もうすこし待つんだな。笑いは生と死にたいする唯一の、まぎれもない勝利だよ」。

（『シオラン対談集』160頁）

シオランはほかのところで、自殺をはばむものは「僅かなもの」（『崩壊概論』39頁）であると言っている（この「僅かなもの」はフランス語原文では le rien なので、あるいは「無」という意味かもしれない）。それはこの引用の場合のように、笑いであるかもしれないし、ほかのものでもあるかもしれない。それは個人によりけりだろう。だからもし何かそういったものがあるならば、もう少し待つのもありかもしれない。

シオランは「しかるべきときに」自らを滅ぼすのは私たちの義務だと言っている（『悪しき造物主』81頁）。しかし、この「しかるべきとき」は、そのときになってみなければわからないものだ。そのときまでの人生は、本章で述べたように、余生となる。この余生をどのように過ごすか？　これはとても重要な問題なのだが、あるいは「多少とも〈みごとな〉自殺の可能性」を考えながら過ごすのもいいのではないだろうか。

L・Bは、いつも引退のことを考え、充分な生活費があるかどうかといったようなことをあれこれ考えている。そこで私は彼に、そんな先のことまで考える必要はないよ、まあ、せいぜい一年を想定して、自分の生活の予定を立てるべきで、絶えず将来のことを考えて気をもんだりせず、将来のことなど放っておくべきだよと言う。〔中略〕一番いいのは、あんまり気をもまないこと、そして窮地に陥ったときにそなえて、多少とも〈みごとな〉自殺の可能性を考えておくことだよと。

(『カイエ』835頁)

第三章

3 憎悪と衰弱

憎しみと事件は同義語だ。
憎しみのあるところには何かが起こる。

（『カイエ』956頁）

憤怒を、人間への憎しみを克服することができたら！
無関心の境地に達することができたら！

（『カイエ』174頁）

第一章の怠惰と疲労の章では、怠惰による行為および労働の拒否が問題だった。行為を拒否する怠惰人間は、社会からつまはじきにされるものの、行為の悪や世界の錯乱に同調しないでいることができた。しかし、生きていくためには、われわれは最低限であっても、行為の世界に入っていかなければならないし、「普通に」生活するのなら、最低限どころか、かなりの程度そこに入っていかなければならない。

本章では、この錯乱した世界で切り抜けることを取り上げたいと思う。だから私たちは、怠惰を通り抜けて、これから錯乱した世界そのものに入っていくことになる。あるいはひょっとすると、こちらのほうが正常な世界なのかもしれない。

正常だろうと錯乱していようと、私たちはさしあたりそこで生きていかねばならない。この世界で生きていくことについて、シオランは次のように言っている。

> 本当に生きるということは、他者を拒絶することなのです。他者を受け入れるためには、断念するすべを知らねばならず、自分の本性をむりやりに曲げるすべを、おのれ自身の性向に逆らって行為するすべを、衰弱するすべを知らねばなりません。私たちは自分自身のためにしか自由を抱懐できないのです。精も根も尽きはてるような努力をして、はじめて、身近な人間にも自由をみ

とめることになるのです。

（『歴史とユートピア』11頁）

本章の目的はこの文章を理解することにあると言っても過言ではない。なぜ本当に生きるとは、他者を拒絶することなのだろうか。本当に生きるとはどういうことだろうか。やや遠回りになるかもしれないが、詳しく見ていこうと思う。

錯乱した世界で

私たちは社会で生きるかぎり、なんらかの役割を果たさなければ生きていけない。経済であれば労働者あるいは資本家として、家庭であれば親あるいは子として。ろくでなしのごくつぶしでさえ、あまり誉められたものとはみなされないだろうが、ごくつぶしという役割を果たしている。あらゆる人が自分の役割を果たすことで何かを行っている。そもそも何かを行わなければ生きていけないのだ。生きるためには何かをしなければいけない。呼吸を止めるだけで私たちはあの世に行ってしまうし、何かを食べなければやはりあの世に行ってしまう。だから人は飢え死にしないためにしぶしぶ、あるいは喜んで労働に勤しむ。これは怠惰と疲労の章で見たとおりだ。

だが私たちは、たんに飢え死にしていないというだけで日々を過ごしているのではない。私たちは積極的に何ごとかを行っている。働かないでも生きていける資産を持つ人でも、やはり積極的に何かをしている。モノを加工する。輸送する。客にサービスを提供する。コードを書く。作品を創造する。それによって私たちは社会と他人に何かをもたらしている。私たちの行為の総体によって社会が成立し、国家が成立し、ひいては歴史が成立している。

しかしどうして私たちの社会は、国家は、歴史は、そして世界は、こうなのか？　あらゆるところに不正がはびこっている。

> 不正がこの社会には満ち溢れている、と言ってみてもとても言い足りはしますまい。この社会は、じつのところ、不正の精華とでもいうべきものなのです。
>
> （『歴史とユートピア』21頁）

個人の間だろうと国家の間だろうと、そこかしこで対立が起こっている。憎悪がともなうこともしばしばだ。

なぜなのだろうか。シオランによれば、それはこの世が多様性に溢れており、それゆえ豊かだからである。世界が多様であればあるほど、対立が生じ、豊かになる。その世界は生き生きとしている。逆に言えば、多様でない、つまり一様なモノトーンの世界、「同一性の世界」（『歴史とユートピア』98頁）は、対立が生じないかわりに、ひどく貧しく、死んだ世界である。

怠惰と疲労の章で見たように、人が何もしないよりは殺人のほうを好むとすれば、対立と憎悪に惹きつけられるのもまた当然のことだ。私たち自身が対立の立場に身を置き、憎悪を抱いてのめりこむだけではない。私たちはそれを眺めて観賞することも好む。

政治や歴史の領域においてそれは顕著だ。生彩ある対立劇を生じさせない国家や民族は、人の注意を惹かない。人が国や民族を記憶するのはなんらかの事件による。そして事件とは往々にして否定的なものだ。あるいは否定的でない事件は事件の名に値しないとも言える。幸福な事件など、たんなるアネクドート、逸話、こぼれ話にすぎない。そしてこぼれ話は私たちに少しの間ほっと息をつかせるだけだ。世界に何も事件を起こさない国、そのような国は幸福かもしれない。しかしそれは人々にその存在を忘れられるという代償を払ったすえの幸福である。

人類は己を破滅させた人々しか崇めなかった。民衆が平穏裏に死んで行ったような時代は、ほとんど歴史に残らないし、臣下からいつも軽蔑される賢王もまた然りである。群衆は、犠牲になるのが自分の方だと知りながら、小説風の波乱を好む。〔中略〕われわれが他人の関心を惹くのは、われわれが周囲にばらまく不幸によってなのである。

（『崩壊概論』172－173頁）

国家や民族だけではない。私たち個人にしても同じだ。私たちが何らかの企図を持つとき、他人の企図とぶつからざるをえないときが必ず来る。これが欲しい。あれがやりたい。しかし他人も同じものを欲しているときはどうすればいいのか。このとき、私たちは何かに逆らってでしか、行動することができないということが明らかになる。

悪は行為と分ちがたいものだから、私たちの企ては、必然的に、誰かに、あるいは何かに逆らって実行されるという結果になる。そして最終的には、私たち自身に逆らってなされることになる。いくらでも執拗に言い張るつもりだが、通常私たちは、他者を犠牲にしなければ意欲することができないのである。

（『歴史とユートピア』168頁）

固有の意志の争い

こんな状況だから、社会や国家は私たちのコンフリクトを調整しようとする。つまりルールや法律を設けてその枠内で私たちを競争させることによって、Aさんを勝利させて祝福しBさんを蹴落としたかと思えば、違う状況ではBさんに軍配を上げAさんを負けさせたりする。

その当事者である私たちはといえば、たいていはルールの枠内で最大限努力するが、しかし時にはルールそのものを乗り越えてしまうこともある。それは私たちの意志や欲望がどの程度なのかによる。

たとえば、近代国家とは、ある領域内において暴力を独占する存在であるので、法律によって私刑を禁止している。だから誰かがある他者を罰したいと思うとき、それを国家に委ね、そのルールに従わなければならない。それに満足せず、私刑を加えるところまで至ることは、このルールを乗り越えてしまうことである。そして私たちがこのようなコンフリクトを眺めるのが大好きなのは、日常生活のなかで、噂話やテレビ番組やインターネットのなかで、日々確かめられていることだと思う。

これらすべては、私たちの意志が個人個人で固有のものであり、かつ社会においてそのような意志が多様であることに由来する。

人間が固有の意志を持つかぎり、そしてそれに執着するかぎり（反逆天使ルシフェルはこの点で非難されたのだ）、復讐は至上命令であり、多様性の、「自我」の世界を決定づけるひとつの有機体的必然である。

（『歴史とユートピア』98頁）

多様は対立を生む。そして不正は、あるいは正確に言えば、通常私たちが不正と呼んでいるものは、この対立において他人を凌駕しよう、そして他人という障害を取り除いてでも完遂しようという意志から生まれる。それはたんに自分の能力を最大限発揮しようというだけでも十分である。第一章でも引いたが、もう一度引用しよう。

私たちに健全な部分があるとすれば、それはすべて私たちの怠け癖のたまものである。行為に移ることをせず、計画や意図を実行しようとしない無能力のおかげである。〈美徳〉を養ってくれるのは、実現の不可能性、あるいは実現の拒否だ。そして、全力を出しきろうとする意志こそが、私たちを暴虐へ誘いこみ、錯乱へと駆りたてるのである。

（『生誕の災厄』42頁）

悪徳の有益さ

さて、それではこの錯乱した世界でやっていくために、重要なものはなんだろうか。いうまでもなくそれは悪徳だ。私たちが悪徳と呼んでいるものは、一般には欠点とみなされ、克服や矯正すべきものだとみなされている。しかし、シオランによれば、実情はまったく異なる。

> 生の利益に与《くみ》し、わけても歴史の利益に与するならば、悪徳は最高度に有益なものとみえる。（中略）私たちがこの現世に宿営するかぎり――おびただしい意志がからみあい、卓越、優先への欲望がうごめく「直接のもの」の世界に住むかぎり、小さな悪徳は有効性において大きな美徳にまさるのである。
>
> （『歴史とユートピア』99－100頁）

自分の意志を貫きとおして行為するためには、人は悪徳を利用しなければならないというのがシオランの考えである。どんな小さな悪徳であっても、その有効性は大きな美徳にまさる。何かを成し遂げようとし、何かに秀でようとするとき、その意志は他人の意志とぶつからざるをえない。私の意志を貫徹すべきか、それともひっこめるべきか？　もし前者を選ぶならば、悪徳——悪意、敵意、怨恨、憎悪、嫉妬、強欲などが力を与えてくれるだろう。

私たちの本性の劣悪な地帯から発するものは、ことごとく力を賦与されている。卑しい部分から出てくるものは、すべて私たちを鼓舞し、激励する。私たちは高潔さや無私無欲よりも、嫉妬や強欲によっていっそう豊富に生産し、いっそう奮闘するのである。

（『歴史とユートピア』１００頁）

これらの悪徳が私たちに力を与えてくれるのは、それが敵対感情を煽り立てるからである。敵対感情によって、私たちはますます対立にのめりこむ。敵を出し抜いてやろう、凌駕してやろう、破壊してやろうと私たちに努力を強いる。私たちが敵対感情に支配され、敵対感情と一体になればなるほど、私たちの行為にエネルギーが供給される。そしてさらなる行為へと私たちを駆り立てる。

もちろん、結果として成功するか失敗するかは別問題だ。あまりに敵対感情と一体化してしまった結果、周囲の反感を買うなどの理由から、結果として失敗することもありうる。

しかし、行為へのエネルギーの供給という観点、そして行為そのものの成就という観点からすれば、敵対感情ほど有益なものはない。それに失敗する可能性とともに成功する可能性もありうるのだ。

反対に、憎むことができない人間は、あちらこちらで自分の意志を取り下げ、右往左往し、無気力に落ちこみ、失敗し続ける運命にある。そのような人間が無気力から脱するためには、敵対感情を培養しなければならない。

もし彼が自己を確立し、無気力をゆさぶり、ひとつの役割を演じたいというのなら、敵を作りだすがいい、敵をしっかりと摑んで、眠っていたおのれの残忍性をゆり起し、軽率にも聞き流した侮辱の思い出をいきいきとめざますがいい！（『歴史とユートピア』110頁）

敵を作り出すことによって、敵対感情が私たちを鼓舞するのに加え、敵は私たち自身を律する効果もある。敵は私たちをいつも見つめ、弱点をさぐり、いざ私たちが失態をおかしたら、いつでもそれにつけこんでやろうと待ち構えている。「敵は私たちを監視し、いいかげんな生き方を許してくれない」（『生誕の災厄』109頁）のだ。私たちが敵を出し抜こうとしているのに、敵たちも同じことをしないなんてことはありえない。私たちが敵を憎悪するのと同様に、敵も私たちを憎悪している。

私たちは自分を律して弱みをさらけださないようにするのだけれども、これは敵も事情は同じである。だから私たちと敵は段々似てくるという事態が起こる。この事態にシオランはうんざりして、次のように言うこともあるだろう。


結局はいつも自分が最新の敵に似てしまうのを知って以来、私はもう誰にも攻撃をかけないことにした。

（『生誕の災厄』38頁）

友と敵

敵といえば、カール・シュミットのいわゆる「友敵理論」――政治の本質とは境界線を引いて友と敵を区別することだという考え――を連想する人もいるかもしれない。たしかに敵対・対立関係を重視することにかけては、両者は共通している。また実際にシオランは1936年のルーマニア語の著作『ルーマニアの変容』において、シュミットの名前こそ挙げていないが、言及しているとみられる箇所がある。しかし大きく異なるのは、シオランは「友」にまったく重きを置いていないことである。この意味で、シオランの場合はたんなる「敵理論」であると言えるだろう。シオランの友人に関する言葉をひとつ見てみよう。

友人の期待しているものは手心であり、嘘であり、慰めの言葉であり、要するに努力を、反省作業を、自己抑制を前提とする一切のことである。友情はデリカシーに対するいつに渝《かわ》らぬ配慮の上に成り立っているが、こういう配慮は自然に反するものだ。友人よりは無関心な者、さもなければ敵、即刻にも欲しいのはこういう連中だ。

（『悪しき造物主』165頁）

そもそもシオランにとって、友人とは、とくに政治の領域においては、最初に消してしまうべきものだ。

もし私が権力を奪取したら、私の第一の配慮は、すべての友人たちを消すことであるだろう。

（『歴史とユートピア』72頁）

友人はあまりにも私たちの限界と欠点を知りすぎている。私たちが名声を得ても、友人たちは「本当のお前を知っているぞ」と、私たちの素顔を摑んで離そうとしない。「カエサルの最大のあやまちは、親友たちに不信を抱かなかったこと」なのだ。もちろん、敵を打倒するためには、「友人」と手を結ばなければいけないときもあるだろうが、それはあくまで敵を打倒するためである。この点、ヨーロッパ国際秩序にまで射程に収めるシュミットの理論とシオランの考えとは、かなり毛色が異なる。

本筋に戻ろう。このように、私たちは時には友人を出し抜いてまで自己の意志の貫徹、自己実現を求める。しかしそんな自己実現になんの意味がある？　だって死ねば消えてしまうだけではないか？　それはまったくそうなのだ。だからしばしば人はこのレースから降りるのだし、また行為がすべて物をいうこの錯乱した世界から身を引くのである。

もし君が清浄潔白にあこがれるのなら、何らかの内的透明性を熱望するのなら、ただちに君の才能を放棄したまえ。行為の回路から出てゆきたまえ。

（『歴史とユートピア』101頁）

そして自己実現して自らの望みをかなえた人にとって、死という痛烈な一撃が待ち構えているというのもまた確かなことなのだ（これについては自殺の章を見てほしい）。

実際には、敵を持つことはとても疲れることだ。だから怠惰な人間は敵を持つことを回避する。それは怠惰と疲労の章で見たとおりだ。敵と対立することは膨大なエネルギーを必要とする。そんな重荷はまっぴらごめんだという人がいても不思議はないだろう。シオランも次のように言っている。

> 若年のころ、敵を作るのに優る快楽はなかった。いまはどうか。ひとりでも敵を作ると、私がとっさに考えるのは、その敵と和解することだ。その人間を念頭から追い払うためである。敵を持つとは、重大な責任を負うことである。自己の重荷だけで結構、他人というお荷物を抱えるのなどはまっぴらである。
>
> （『生誕の災厄』157頁）

憎悪とは力である

ともあれ、この世界でやっていくのなら、悪徳および敵対感情が肝要であることは述べたとおりだ。先の章で見た怠惰な人たちとは、多かれ少なかれ、それから降りてしまった人たちのことだ。つまりこの世界での成功から遠ざかってしまった人たちだ。この世界で何かを成し遂げるには、不断に行為することが必要とされている。怠惰な人たちとは、何もやることに気が乗らない人たちのことなのだから、成功から離れてしまうのも無理はない。

反対に、この世界で成功——自己実現、才能の発揮、計画の完遂、欲望の成就、等々——を収めたいのなら、とりわけ有用なのは憎悪である。「憎しみが歴史の原動力だ。この世を押し進め、『歴史』に息切れさせないのは憎しみだ」(『カイエ』956頁)とシオランは言っている。歴史、つまりこの世界および人間社会において成功するためには、憎悪をうまく活用しなければならない。憎しみは、無関心よりもはるかに行動への活力を与えるからだ。

愛することをではなく憎むことを止めたとき、私たちは生きながらの死者であって、もう終りだ。憎しみは長もちする。だから生の〈奥義〉は、憎しみのなかに、憎しみの化学のなかにこそ宿っているのだ。

(『悪しき造物主』135頁)

これは私たちが何かを獲得するために積極的に動くときだけでなく、自分の身を守るために動くときでさえもあてはまることだ。外部から降りかかるさまざまな攻撃に対して、私たちは無関心では身を守ることができない。それらの攻撃に滅ぼされず、反撃するためには、それらの攻撃を対抗すべき対象として捉え、これに対立する必要がある。その際、対抗する気力は、憎しみによって支えられているほうがより効果的である。より強く憎むことができる人間ほど、よりしぶとく生き抜けるという状況に、私たちは置かれている。

憎しみについて、もう少し詳しく検討してみよう。憎しみは悪意・敵意を前提としている。シオランが言うとおり「石ころは虐殺するわけにはいかない」から、憎しみの対象は人間ということになる。だから憎しみとはある人物に物理的・精神的に損害を与えたいと願うことである。それはときに殺害の意志にいたるまで膨れあがる。典型的な例は復讐だ。憎しみは復讐の原動力となり、敵対者への攻撃の念を絶えず掻きたて、そして復讐に限らず、行動への意欲を駆りたてる。

> 憎しみとは感情ではなく力であり、多様性の要因であって、存在を犠牲にして個々の存在を生かすものである。
>
> （『時間への失墜』147頁）

陋劣《ろうれつ》な感情、とりわけ「憎しみの化学」は、愛よりもはるかに「生の奥義」を宿している――つまり私たちが生きるこの世界で、そして私たちが生きることそのもののなかで、重要な位置を占めている。たとえば、次のような例を思い浮かべてほしい。私がある人に悪口を言われたとしよう。私は表面上はなんでもないかのように振る舞い、動揺を隠そうとする。しかし実際は恥辱に震え、相手に憎しみを抱き、その人と会うときにつねに侮辱されたことを思い出して緊張を高める。私が最終的に報復を断念するにせよ、殴りかかるにせよ、想像上で復讐を行うにせよ、何も起こらなかった平穏な状態と比べると大きな違いがあると言える。つまり、憎しみが私を活動的にし、生き生きとさせている。まさしく憎しみは生きる活力の源泉なのだ。人生の舞台においてうまく切り抜け成功するためには、憎しみの力を利用しなければならないとは、こういうことである。復讐は、ともあれ「生きる意味」を与えることができる。たとえ復讐がどれほどむなしいものであったとしても。

憎しみは他人に危害を加えるだけでない。憎しみは実は人のためにもなる。私たちが憎むことによって、相手もまた私たちを憎むことになる。つまり相手もまた生き生きと活動することになるのだ。シオランが言っているように、たとえ私たちが得ている利益以上の利益はないとしてもだ。

中傷から利益を得るのは中傷者だけではない。それは中傷される者にとっても、中傷する者以上ではないにしても同じくらい役に立つ。ただしそのためには、中傷される者が中傷を如実に感じ取るという条件がつく。感じ取れば、彼はその思想にも筋肉にも役に立つ紛れもない活力を与えられる。つまり、中傷によって彼は人を憎むようになる。〔中略〕他人からの悪口は、他人から受ける苦しみと同じように、わたしたちを傷つけ、鞭打ち、覚醒させてはじめて価値がある。

（『時間への失墜』147頁）

憎悪と怨恨の快感

以上述べてきたことに対して、野蛮であるとか、非道徳的であると思う人もいるかもしれない。それはそうなのだ。しかしその野蛮や非道徳性は、私たちが現実にやっていることと以外の何物でもない。シオランはそれを、悪趣味とは言えそうだが、抉り出して私たちに見せつけているにすぎない。

たとえば、シオランは次のように言っている。「あらゆる信念はまず憎悪によって作られるのであって、愛はただ二番手に登場する」(『歴史とユートピア』110頁)。これは、信念というものには必ず反動的な要素が含まれており、信念は私たちの反発によって作られるということを意味する。私たちは、何かの障害にぶつかることによって初めて信念を抱くようになる。それは社会問題や政治に対してだけでなく、私たちの日常生活においてもよく見られるものだ。

しかし私たちが悪いことだけでなく、よいことをするのもまた事実なのではないだろうか。私たちは憎悪に陥ることもあるだろうが、愛を抱くこともまたあるのではないだろうか。たしかにそうだ。そもそも直前の引用文にもあるとおり、シオランは愛は存在しないとは言っていない(ほかの箇所では存在しないと言っていることもある)。ただそれは二番手に登場するにすぎない。

悪口の例を再びとりあげてみよう。私たちは「同朋についてよく言えないというのではない」とシオランは言う。ただ「悪く言うときほど切実に快感や力の感情を味わうことがないのである」(『時間への失墜』147頁)。何かを行うにあたって重要なのが、この快感や力の感情なのだ。これらに駆りたてられて、私たちはさらに行為をし、他人の悪口をさらに並べたてるのである。悪いというなら、他人をほめるよりも悪く言うほうに快感をおぼえる私たちが悪いというしかない。一方、他人にほめられることにも私たちは快感を抱き、より多くの称賛や承認（シオランの言い方では、名誉心）を得ようと、さらに人を出し抜くレースに参加したりすることも付け加えておこう。

憎悪や怨恨は私たちに深く根付いている。日頃いやなやつだと思っている人物が失敗をして、「胸がすっとした」経験はないだろうか。「いい気味だ」と思ったことはないだろうか。誰かの失敗にあなたが何らかの快を覚えるとしたら、そこではすでに憎しみが、怨恨がはたらいていているのだ。憎悪と怨恨は、私たちの思っているよりも私たちに根を下ろしている。これは哲学や芸術であっても例外ではない。そこから身を離すのは簡単なことではない。そもそも人は本当にそこから離れたいと思っているのか、それさえ知れたものではないけれども。

怨恨はインスピレーションの低俗な、それゆえ有効な原動力だから、芸術においてめざましい勝利をおさめている。芸術は怨恨なしにはすまされない。哲学だってじつはそうなのだ。考えるとは狡智をしぼって復讐すること、腹黒さに偽装をほどこすこと、悪しき本能をヴェールの下に包

み隠すことだ。　　（『歴史とユートピア』109頁）

私たちはときおりこんな状況にうんざりすることもある。もう傷つけたり傷けられたりするのは飽きあきだ。なぜ人間はもっと善良になれないのだろうか。シオランは次のように言う。

人間は素質の最良の部分をだめにし、肉体を貧血の掟に屈服せしめ、精神を忘却の規律に服従せしめなければ、円熟することはできず、善良になることはできない。　　（『歴史とユートピア』95頁）

つまりは、現世における成功と勝利をあきらめるということだ。他人を出し抜いたり、他人からの承認を得ようと競争したり、他人を屈服させる快感を味わったり、自分の何らかの才能や意志を満足させることを放棄するということだ。つまり対立するのをやめることだ。そんなことはほとんど不可能だと思う人もいるだろう。不可能だからこそ、相変わらず私たちは傷つけたり傷つけられたりして、もがき続けているのだ。

中立の不可能性

以上のことからわかることがひとつある。特に政治や社会問題において、中立の立場をとることは不可能ということだ。不可能というのは語弊があるかもしれない。とってもいいし、とることも可能なのだが、その後には破滅が待ち受けていると言ったほうが正確だろう。

なぜだろうか。中立の立場は、主に次のふたつに分けられる。ほかのすべての主張を理解しながら中立を保つ態度と、たんに無関心な態度である。

しかし、このふたつは結局は同じことかもしれない。というのも、他者の立場を「理解する」などという行為は、最低限でもある程度の無関心を必要とするからだ。自分の生死がかかっているほど、世界の行く末がかかっているほど、あるいは自分でそう思っているだけかもしれないが、とにかくそれほどの関心を持つ問題に対しては、自分以外の立場を「理解する」必要性を感じない。それどころか、自分以外の立場はほぼ敵の立場である。敵の立場を理解してなんになるだろう?

だからもしある他者の立場を「理解」しようとしてしまったならば、そのときにはすでにある程度の無関心がはたらいていているのだと言える。

「理解」しようと努める中立とたんなる無関心な中立、このふたつはどちらも無力だという点でも同じだ。どちらも態度決定をすることができないからだ。態度決定をしないという決定をしていると言うこともできるかもしれないが、そんな言い方をしても事情は変わらない。あちらの立場にも与しないが、こちらの立場を押しつけることもしないというのが中立の定義だ。相互に対立しあうあらゆる立場の何物にも与しないこと、その時点で中立の態度は破滅を宣告されている。

中立性なるものをある程度まで許容するのはただ天上だけであり、歴史はこれとはまったく逆に、人間となってその身を現ずる前に、いずれかの陣営に加担すべき理由を何ひとつ見出すことのできなかった者たちへの懲罰として姿を現わすであろう。そうであればこそ、人類は大義を捧《ほう》じ、真理のもとに集結し、結束することにかくも熱心なのだ。
（『四つ裂きの刑』3－4頁）

ある程度まで中立的であることが可能なのは、天上、つまり天使のような存在だけだ。天使たちはたぶん私たち人間がもっているような欠点を持ちあわせていないし、地上の出来事に無関心だから、中立的な立場を実際にとることができるだろう。

それに対して、私たち人間が中立を保とうなどすれば、たちまち私たちはその咎《とが》を罰せられることになる。なんの権利があって、あなたはいがみ合う人間たちから距離をとって、戦いをながめていられるというのだろう。

実際には、中立と自称する立場は、他の立場と同じように相戦うことが多いかもしれない。しかし、それは本当に中立の立場とは言えないだろう。本当に中立の立場とは、あらゆる立場から距離をとり、あらゆる立場にコミットしないことではないだろうか。

この意味での中立の立場をとることは、人間にはほとんど不可能だし、そんなことを試みれば、必ずその咎を罰せられることだろう。中立を保とうと思う時点でもうだめなのだ。それはどの立場をも、どの立場の「真理」も信じることができないということだからだ。

無関心の無力さ

このことは、中立の無力さを示している。無力とは、信じることができないということであり、そして本当の中立は定義上、他人に自分の意見を押し付けることができないからである。そして中立だとうそぶくあなたは、自分は正しいと確信する人々によって押しつぶされるだろう。

だれかある者が確信に縛られて動けなくなると、彼はきみのことを妬む。意見といえばあやふやで、教義にも、あるいはスローガンにも異議を唱え、そんなものには従えぬとうそぶく幸せなきみのことを。彼は自分がセクトの、あるいは党の一員であることをひそかに恥じ、真理を担ぎそれに服従しているのを恥と思っているが、彼が恨みを抱くのは、その公然たる敵、すなわち別の真理を担いでいる者ではなく、どんな真理をも追究せぬがゆえに罪ある者、つまり「無関心な者」、きみに対してである。

（『時間への失墜』33頁）

真理を掲げ、その正当性を主張し、他人に押しつける人は、そうした行為を好んでやってもいるのだが、同時にそれは重荷でもある。真理を知っているというのは大変な責任だ。その真理の現実世界での実現が自分にかかっていると思っているときには、とくにそうだ。

そのような責任を負い、日々闘争している人間が恨むのは、別の真理を掲げる人間ではなく、重荷を背負おうともせず、気楽そうに暮らしている人間、つまり無関心な人間だ。

たしかに別の真理を掲げる人間に対しても敵意を抱くのだが、それは恨みではなく、むしろ憎しみといったほうがいいだろう。恨みにはどこか羨望と嫉妬の感情がある。嫉妬とは、自分の持っていないものを持っている人間に対する感情だ。ある真理を掲げる者は、別の真理を掲げる者を妬んだりはしない。真理を掲げているという点で同じだからだ。だが無関心な者に対してはそうはいかない。なんであいつらは、こんな重要な問題にあんなに無関心でいることができるのだろう？　あいつらなんか、自分の無関心によって破滅してしまえばいいのだ！

別にそこまで急がなくてもいい。無関心な人間は遅かれ早かれ破滅する運命にあるのだから。なぜだろうか。先ほど、あらゆる対立の立場から身を引く中立の態度は、決定することができない無力なものだと述べた。それは無関心にもあてはまる。むしろいっそうあてはまると言ってもいい。怠惰が行為の拒否、何かを始めることの拒否であったのと同様に、無関心も何かに関心を向けることの拒否、決定の拒否である。

この両者に共通するのは、エネルギーの衰弱、力の衰弱ということだ。行為、開始、関心、決定、このどれもが力を、エネルギーを必要とすることである。

衰弱は何も怠惰や無関心といったわかりやすい性格の特徴ばかりではない。懐疑や寛容も衰弱を示している。どちらもひとつの立場を真理であると信じることができないからだ。あらゆる主張の真理性を認めることに慎重な懐疑派も、あらゆる立場が主張されることに鷹揚な寛容派も、真理にコミットすることの無力さ、衰弱のあらわれである。

もっとも、懐疑や寛容も衰弱の徴候でない場合もある。それはちょうど中立がそうであったように、自ら対立のアリーナに身を投じて闘争する場合である。つまり、寛容でいえば、寛容を他人に押し付け、「不寛容」な者を力でもって矯正し、かつ強制的に自らの寛容を実現しようとする場合だ。これは寛容の熱狂的崇拝であって、不寛容の場合とやっていることは変わらない。

同じように他人に懐疑を押し付け、人に何かを信じることをできなくさせてやろうと目論む懐疑派も考えられる。これは寛容よりも矛盾が大きいので、その分まれなケースになると言えるけれども。

万能な善悪二元論

要するに、例えばダブルスタンダードなどを考慮したり、それに悩んでしまう人間は、衰弱した人間なのだ。悩んでしまうこと自体が衰弱の兆候であって、くよくよ考えること自体が真理に対する裏切りだ。この意味で、シオランが言うように、寛容とは衰弱した人間が示す媚態に過ぎない。

敵対者に対する媚は、衰弱の、つまりは寛容のまぎれもない徴候であり、してみると結局のところ、寛容とは瀕死の人間の媚態にすぎないのだ。

（『四つ裂きの刑』30頁）

実際、人は自分の真理しか、より正確には自分が真理だと思う真理しか積極的に推そうとしないものだ。自分がそうだと思っていない敵の真理など評価しても何もならない。しかし、シオランによれば、古代ギリシャ人は少し違う考え方をしていたようである。

トロイ戦争では、敵味方双方に同じ数の神々がいた。これは正しくもあれば粋な考え方でもあるが、現代人は熱中しすぎるというのか、俗悪すぎるというのか、なかなかこういう見方をすることはできない。何がどうあろうと、理性が味方になってくれぬことには都合が悪いのだ。

（『悪しき造物主』179－180頁）

敵味方双方に「同じ数の神々」がいるというのは、どちらの陣営も正しさを同じくらい持っているということだ。つまりはどちらも正しさを特権的に主張することはできない、と古代人は考えていたということだ。

これとは反対に、現代人たる私たちは、自分たちのほうに「理性」が味方をしていると考えることを好む。理性的に考えたら、私の主張が正しいのは当然だ、誰もがそう思うし、そう思いたがる。自分にだけ理があり、敵には理はまったくない。敵にも一理ある、と思ってしまうことは敗北の始まりだ。なんなら（悪しき？）「相対主義」に陥ってしまうことだと言ってもいい。

敵にも正義がある、敵にも理があるなどと思ってはならない。自分のほうに理があるのはまったく当然だとみなし、疑ってはならない。そして断固として自分の正しさを信じて行為することによって、自分の主張を認めさせることができるようになる。

要するに、この世界で何かを主張し、何かを成し遂げたいと思うなら、二項対立から、善悪二元論から抜け出そうと考えてはならない。これほどわかりやすく、そして有効な図式はほかにない。自分が善であり正義で、敵が悪だという図式を放棄して、いったい何が達成できるというのだろう。それはつまり自分の信念を十分に信じていないということだ。敵と議論する。それは自分の正しさを十分に信じていないということだ。そんな状態ではあっという間に敵に粉砕されることだろう。

これは政治や社会の領域ほど先鋭的になることはないにしても、日常生活にも言えることだ。もし自信のある、成功した、勝利した生活を送りたいのならば。成功や勝利は卓越した力によって勝ち取られるのである。そして力は悪徳によって滋養されるのだ。

しかし、ここまで論じてきたことを、いったん逆に考えてみよう。つまりこういうことだ。シオランによれば、この世界で成功するためには悪徳を利用しなければならなかった。それを利用できない人間、憎むことのできない衰弱した人間には、失敗が待ち受けていた。しかし、失敗を選んで何が悪いというのだろう？　何も悪くないのだ。それは怠惰人間には破滅が待ち受けているが、怠惰人間であること自体は何も悪くないのと同様だ。失敗だろうと破滅だろうと結構だ。とことん失敗してやろうではないか。こう考えることで、また違う道が開けてくる。

衰弱の利点——懐疑、寛容、自由

そもそもシオランは、今まで論じてきたことを好ましいとは決して思っていない。基本的にシオランはペシミストだ。ペシミストとは、厭世主義とも訳されるように、生きるのを嫌悪する人のことだ。また物事を暗く見る人のことも意味する。シオランはペシミストだから、物事を暗く見る。それはこれまでの本書の記述で容易にわかると思う。また同様に、シオランはペシミストだから、生きるのを嫌悪する。そして生きるというのが対立に身を置くことだとすれば、シオランが対立を嫌悪するのも当然のことだ。

つまり、ペシミストはこのようなあり方をしている世界が嫌いなのだから、このままでいいとは決して思うはずがないのだ。ここで、ペシミストだからこそ、社会や世界の改良(?)を望むという逆説が生まれる。もちろん、ペシミストだから、未来に対する希望は限りなく薄いのだけれども。このことは第二部で詳しく触れることにしたい。

本題にもどろう。今までの図式をちゃぶ台返しするときがきた。これ以降は生きることではなく、可能な限り生きないことが焦点となる。そのうちのひとつが、行為へと向かうエネルギーを可能な限り弱めること、すなわち衰弱だ(もうひとつは解脱だが、これも第二部で触れる)。

行為を目指さないという点で、衰弱は怠惰とよく似ている。あるいは観点と強調点の違いにすぎないとさえ言えるかもしれない。前章で見たように、怠惰人間は、行為の拒否によって社会からつまはじきにされるが、そのかわりに行為の錯乱から、完全にではないまでも、身を離すことができた。

そうすると、同じように、疑うことによって、敵対関係、対立図式から身を離すことができるのではないか。相手の正しさを疑い、とりわけ自分の正しさを疑う。対立する相手の破滅を目指さないならば、敵にも正しさを認めることができる。議論とは妥協にすぎないかもしれないし、自分の信念に対して疑いがあることの証拠かもしれないが、それの何が悪いというのだろう。厳正に中立というのは天使ならぬ身では難しいが、できるだけそれに近づくことはできる。

シオランから見れば、これは力の衰弱だった。自分自身の正しさを十分に信じきれず、自分の意志を押し通すことができないのだから。しかし、同時にシオランは、衰弱の利点も認めることに注意しよう。衰弱によって、人は寛容になれるし、自由を享受することもできる。そして重要なことに、他人に自由を認めることができるようになるのだ。

ここでいう自由とは、他人に自らの流儀で生き、そして自らの流儀で死ぬのを容認することを意味する。ところで情熱的な確信者ほど、この自由を実現することから縁遠い存在もない。確信者はどう生き、どう死ぬのが最上なのか「知っている」。そして他者にそれを押し付けようとする。

彼は君らの孤独を辱かしめ、君らが彼の真理、彼の狂信の外側で生きることを許してくれない。彼は自分のヒステリーを、自分の善を、君らもともにするまでは承知せず、それを君らに押しつけ、君らを歪めてしまいたがる。ひとつの信念に憑かれながらそれを他人に伝えようとしない人間――そんな変り者には、この世ではとんとお目にかかれない。

(『崩壊概論』15頁)

他者の生死を支配し、都合のいい方向に導こうとすることこそ、確信の特徴であり、それはまさに不寛容と呼ぶにふさわしい。他者が自分の真理の外側で生きることを容認しないのだから。

衰弱した人間は、こういうことすべてにうんざりした人間である。もう誰とも争いたくないし、誰も憎みたくない。優位に立ちたいとも思わない。そういう勝ち負けの世界はもううんざりだ。

こうなってしまうと、もう怠惰人間と同じような状況に追いこまれる。衰弱人間は、まず、人畜無害な存在になる。無害といえば聞こえはいいが、要するにつまらない人間だ。害はないが魅力もない。そんな人間に目をくれるのはよほどの物好きだけだ。競争にもうんざりだから、他人を押しのけて自分が出世することもない。だから他者の承認を得ようとすることもない。

もっとひどいことに、衰弱人間は同時に怠惰人間でもあることがほとんどだから、何をするのもおっくうだ。信念を持つのも大変に力がいることなので、信念を持ってそれを貫きとおすこともない。シオランの言葉でいえば、行動や信念の圏域から抜け出すと、人はからっぽになってしまう。

人々が生きそして行動するために必要とするあれこれの理窟を、私は私の中で抹殺したいと思った。私は言いようもないほど尋常《ノーマル》になりたいと願った。――さて今や、私はもうろく加減もいいところ、阿呆どもと何ら変ることなく、連中と同じほどからっぽな人間にすぎない。

（『崩壊概論』77頁）

ノーマルといえば、衰弱人間はきわめてノーマルだ。他人の幻想や陶酔、錯乱に同調せず、何事にも加担しない。はめをはずすことも、度をすぎることもない。こんな人間が普通（ノーマル）だったらいいのに！　だが実際には、こんな人間にはそうそうお目にかかれるものではない。むしろアブノーマルな人間だと言ったほうがいいだろう。

それにこのような衰弱人間は「生きている」といえるのだろうか。もちろん生物的には生きているが、まるで死人のようなものではないだろうか。腐ることを除けば、無害なことにかけては死人とどっこいどっこいである。正確には死人よりはちょっとばかり私たちに害があるけれども（たとえば、哀れなことに衰弱人間だって満員電車に乗らざるをえないが、死人は乗らないので）。

危害を加えないといえば、怠惰人間もそうだった。怠惰人間は何もしないので、悪事も犯さなかった。その意味では怠惰人間は善良な人間であった。同じように衰弱人間も善良な人間と言えるだろう。

問題はこのような善良さが望ましいものであるかということだ。生きることをあきらめなければ善良さに到達できないとしたら、生きることと善良さと、どちらを選ぶのか。答えははっきりしている。みんな生きることを選んでいるから、この世はこんなにも地獄なのである。そして逆に、このような善良さを選ぼうとするのがペシミストなのだ。人類みんながペシミストであればどんなによかったろう！

衰弱の脆弱性

しかし、いいことばかりではない。衰弱は致命的な脆弱性を有している。問題なのは、以上のような衰弱の立場を布教して他人に押し付けることは、原理的にできないということだ。まず衰弱人間にはそもそもそんなエネルギーがない。それは抜きにしても、衰弱することと、つまり対立から降りるのを、他人に強制することは、本当に対立から降りることではなく、また新たな看板をつけかえて対立を行っているにすぎない。それは寛容の名のもとに不寛容となるのと同じことだ。

これは何も他人に押し付ける場合だけではない。自分自身のなかでもそうだ。私たちは勝ち負けの彼方に行きたいのに、私たちの立場こそが本当の勝利なのだと主張してしまっては、すべてが台無しとなる。

先に述べたように、本当の中立とは、定義上他者に自らの立場を押し付けないことだった。これは他者への布教という観点において無力であるばかりか、自らの保存という観点においてもさらに無力だ。それは異なる立場からの攻撃に対抗するすべを知らないからだ。

同じように、本当の自由とは、自由それ自体を破壊する自由も認めてしまう自由のことだ。これは寛容も同じで、本当の寛容は、寛容それ自体を破壊する主張にも寛容になってしまう。ここには衰弱の衰弱性とでもいうべきものがまざまざと表れている。つまり、衰弱した人間で溢れかえった本当に自由で寛容な社会は、自分の立場そのものを掘り崩す。自分の立場を保存することすらできなくなってしまうのだ。

こうしたことが起こるのは、対立から身を引き離すからだ。自分を対象にした攻撃に防御するためには、どうしても対立という場に自分の身を置かねばならない。しかし、衰弱が衰弱たるゆえんは、対立することができないということにある。いわば極限に達した自由や寛容は、自らの敵を敵と認定することができない。

あるいはもっとひどいことに、敵と認定できるにもかかわらず、排除行動を起こすことができない。その結果、敵が自らを破壊することを認めてしまうことになる。そして最悪なことに、認めるどころか、それを望んでしまうことさえある。次の文明と衰退の章の事例で見るように、敵に圧倒されるのを快感にさえ思うようになってしまう。

しかし、このような危険にもかかわらず、対立を少しでも減らしたいのならば、言い換えれば善良になりたいのならば、私たちは衰弱を推し進めなければならないというのがシオランの考えだ。さもなければ、私たちは憎悪を絶やすことのないまま、お互いの喉を裂きあっていくだろうから。この件については、次章で触れることにしたい。

人類全員がペシミストになる日？

以上の記述で、「本当に生きるとは、他者を拒絶すること」という本章冒頭の文章の理解が可能になったと思う。本当に生きるとは、対立の中に身を置いて、錯乱した世界のなかで切り抜けていくことである。それには他者を拒絶することが必要だ。敵を設定することが必要だ。そして敵対感情を存分に利用して、行為することが不可欠だ。

その反対に、まさに生きることをあきらめ、衰弱することによって、善良となり、他者を傷つけず、他者を拒絶しないことが可能になる。

しかしそれは「精も根も尽き果てる努力によって」と言われているように、大変な苦労を伴うことだ。誰だって成功したいし、生きたいと思うのではないだろうか？　それがたとえ他人を犠牲にすることになるのだとしてもだ。

だから善良になることの実現はとても難しい。だがシオランは、決して不可能だとは言っていない。いや、不可能だと言っているときもあるが（『歴史とユートピア』122－123頁）、大変困難だが可能だと示唆しているときもあるので、ちょっとばかり希望を持とうではないか！　人類全員が怠惰で衰弱したペシミストになる日が来たら、どんなに楽しい世界になるだろうか。私たちが生きている間に実現するかは、ともかくとしても。

でも、それは人類全員に怠惰で衰弱したペシミストになることを押し付けることではないのか？　それはそのとおり。だから私たちは何もできない。こうなると前言撤回、もう不可能かもしれないと思えてくる。あるいは開き直って、勤勉と強健を迫害する怠惰と衰弱の帝国を築くしかないのだろうか。現代日本風に言い換えれば、「社会人」と健常者を迫害する、虚弱者の帝国を？　まあ、とりあえずはどうなるか見てみよう。

最後に、本章を終えるに際して、友人について一言触れておきたい。これまでの記述からわかるとおり、シオランは友人というものを低く評価している。それは次の文章に表れているとおりである。

何か重大な決意を迫られたとき、もっとも危険なのは、他人に相談することである。というのも、何人か頭のおかしい連中を別とすれば、この世に、私たちのために心からよかれと願う者など、ひとりもいはしないからである。

（『告白と呪詛』15頁）

私はこの文章に初めて触れたとき、本当にそうだと思ったし、今でもそう思う。だが、もしかしたら、あなたの周りにはそんな頭のおかしい人がいるかもしれない。ひょっとしたらそんな連中ばかりかもしれない。そうならば、そんなに頭のおかしい人たちが周りにたくさんいるというのは、とても貴重なことだ。大切にしたほうがいい。

コラム

シオランの友と敵

友と敵の話をしたところで、シオランの友と敵について少し触れてみたい。ここでは純思想的というよりも、実生活よりでの友と敵を考えてみたい。同時代人だからこそ、憎しみも増すというものだ。いくら思想的に気に入らないからといって、二千年前に死んだ者を憎んでみてもなんにもならないのは明らかだろう。

まず、友人から見ていこう。時間的に最初に来るのは、シオランのルーマニア時代の友人たちだ。そのなかでも筆頭に来るのはミルチャ・エリアーデだろう。彼がエリアーデと個人的に知り合ったのは1932年のことだが、若い世代の思想的リーダー（「若い世代」「27年世代」と呼ばれる）であったエリアーデのことを、シオランは前から知っていた。それ以降生涯を通じて親交を重ね、戦時中シオランは在ポルトガルのエリアーデから支援を受け、逆に戦後パリにやってきたエリアーデの世話をしている。エリアーデが再婚をした際には、いわゆるゴッドファーザーを務めた。ちなみに、1930年代には、ある女性をめぐってちょっとした三角関係になったこともある。

次にコンスタンティン・ノイカ。ルーマニア以外では知られていないが、国内ではとても影響力をもった哲学者だ。彼とシオランは同じ師を持つ学部時代からの友人で、戦後シオランはフランスに亡命し、ノイカは国内にとどまった。1956年のハンガリー動乱（革命）に触発されて、彼とシオランは手紙を交わし、それが元でノイカは逮捕され、十五年の強制労働の刑を受けた（七年の後解放された）。シオランからの手紙は『歴史とユートピア』に収録されている。

ウジェーヌ・イヨネスコはルーマニア生まれだが、厳密にはルーマニアの友人ではない。というのも、民主主義派だったイヨネスコとシオランはイデオロギー的に対立関係にあったからだ。1945年には、シオランのことを許すことができないと手紙で語っている。しかし、時が経つにつれ和解し、彼とシオランは終生の親友となった。イヨネスコは頻繁にシオランに電話をかけてきて、驚くほどの長電話になったという。この他にも、世界的には無名なルーマニアの知識人の友人はたくさんいる。

次に、フランスで出会った友人たち。詩人のアンリ・ミショーとは1950年に出会った。ミショーもシオランに長電話をかけてきて、シオランとよく夕方に会っていた。シオランに比べミショーは「オプティミスト」だったが、シオランは彼のエスプリ溢れるところと、容赦ない悪口に魅力を覚えていたという。シオランが暮らしていたホテルを引き払う際、当座の金銭的援助を申し出たほどミショーとシオランは仲が良かった。ミショーの死の際には、埋葬に立ち会った。

サミュエル・ベケットとは1956年に知り合った。ベケットは無口で、おしゃべりのシオランとは正反対だった。二人ともパリのリュクサンブール公園を好み、そこでよく会っていた。シオランは、自分の世界観とベケットのそれは類似点がいくつもあると考えていた。根本的に、生きることが不可能なのだと。ベケットは『悪しき造物主』について、「あなたの廃墟が私には安全な場所に思われます」とシオランに手紙を書いている。ただ、シオランが書いたベケット論（『オマージュの試み』所収）は、ベケットの気に入らなかったらしい。ベケットも一時期シオランに金銭的援助をしていた。

それでは敵たち。おそらくシオランの最大の敵は、「この世で、私を一番ひどい目にあわせた人間」（『カイエ』857頁）リュシアン・ゴルドマンだろう。ブカレスト生まれのユダヤ人で、マルクス主義哲学者だった彼は、ルーマニア時代のシオランの言動を覚えていて、1950年前後から二十年間シオランを攻撃し続け、その結果シオランの孤立は深まった。しかし1969年にガブリエル・マルセルの家で出くわすと、話が弾み、二人で散歩し、カフェに入り、和解し、友人になってしまったという。1970年にゴルドマンが死んだとき、彼という「敵」を持ったことの利点を挙げるとともに、シオランは哀惜さえ入り混じった複雑な気持ちを抱いていることを『カイエ』に記している。

シオランはサルトルを戦時中から知っていた。サルトルがシオランを知っていたかどうかはわからないが、シオランは一方的なまでにサルトルを攻撃している。彼のサルトル批判は『崩壊概論』から始まる。参加（アンガジュマン）の時代にあって、無関心の善良さを説くシオランがサルトルと合わないのも無理はない。「マゾヒズムに罹った教師」（『カイエ』216頁）、「気取り屋」（『カイエ』487頁）、「私からすれば、だれだってサルトルよりはましだ」（『カイエ』487頁）、「ところかまわず自分の痕跡を残そうとするサルトルのような人間は大嫌いだ」（『カイエ』515頁）、等々と容赦がない。一方で、サルトルが才能に恵まれている（恵まれすぎている）こと、サルトルが魅力的なことは認めていた。

カミュとシオランは一度会ったきりだが、シオランにとって屈辱的な経験となった。シオランはカミュに会う前に彼の本を読んでいて、尊敬の念を抱いていたが、『崩壊概論』の原稿を読んだカミュは、シオランに「いまやあなたも思想の領域に入るべきですよ」と言った。シオランはこの言葉を屈辱的に感じ、復讐を決意したという。それは、当初カミュの追随者とみなされ、しばしば比較された自分を、カミュとはまったく違った存在だと認識させるという復讐だった。カミュの死の報に接して、彼についてさんざん悪口を言ってきたことを後悔した。もっとも、シオランはその後も悪口を言い続けているけれども。

モーリス・ブランショとは面識があったかどうかは不明だが、彼とは小説をめぐって誌面上で戦いを繰り広げた。シオランは1953年に『新フランス評論』において、「小説の最後」というエッセーを発表し、ブランショの小説を「素材なき小説」の代表例として名指しで挙げ批判した。ブランショも、同誌上に、シオランの名前を挙げずに反論の論説を二本掲載した（両方ともブランショ『来るべき書物』に収録されている）。シオランの方は「小説の最後」を「小説のかなたに」と改題して『実存の誘惑』に収録する際、加筆修正し、ブランショの名前を削除したが、自分の主張を固持した。

シオランにとってもっとも苛立ちを覚えたのは、ブランショの曖昧で晦渋な文体だったかもしれない。深遠さを装う気取りをシオランは嫌った。「ブランショ。何でも晦渋にしてしまう天才。世にも不明晰な批評家。ある作品をどう考えたらいいのか訳が分からなくなりたかったら、彼の解説を読みさえすればいい」（『カイエ』544頁）。「批評家が解説している作品、その作品より難解な解説を読んだところでなんになろうか」（『カイエ』544頁）。「ブランショの『最後の人間』を使って、私はタイプの打ち方を学んだ。その理由は簡単である。この本はみごとに書かれていて、一つひとつの文章はそれ自体すばらしいが、何も意味しないからである。私たちを惹きつけ立ち止まらせる意味はない。あるのは言葉だけ。タイプライターのキーを手探りするにはもってこいのテキスト」（『カイエ』621－622頁）。言葉の空疎さを警戒し、言葉による腐食作用を忌避するシオランにとっては、言葉だけのブランショのテクストは我慢がならないものだったろう。反対にブランショにとっては、それこそが沈黙する唯一の方法となるのだろうけれども。

第四章

4

文明と衰退

頽廃《デカダンス》を取り押さえる人々の誤りは、それと戦おうとすることで、実際には頽廃を助長することこそ必要なのである。

（『崩壊概論』195頁）

ここ十年で、日本という国の衰退、日本社会の縮小について語られることがとても増えたと感じている。これは私だけではないと思うし、またそれほど間違った感覚ではないと思う。

その理由をいくつか挙げてみよう。社会的には、まずは少子高齢化が挙げられる。その現実性とインパクトについては、年々感じられるものになってきている。経済的には、失われた二十年は失われた三十年になりつつある。このほかにも、例えば科学技術分野での中国の躍進と日本の衰退はセットで語られる。書店に行けば、直接的であれ間接的であれ、日本の衰退に関する本を見ないで済ますことはもはや難しいだろう。

しかし、日本の衰退がシオランとなんの関係があるのか？　直接的にはなんの関係もないが、しかし衰退現象という面からすると、大いに関係があると言える。前章の第三章で述べてきた衰弱の現象は、政治や歴史の領域にも適用されるとシオランは考えているからだ。

とはいえ、ここで日本の衰退についてあれこれ論じたいわけではない。この問題について言及したのは、まさしくシオランが熱心に考えた問題こそ、ある国、あるいは民族の隆盛と衰退というものであり、彼がそれに注いだ熱量を評価するうえで、私たちが直面している現状も考慮してもらいたかったからである。人々は今でも国や民族、文明の衰退に関心がある。それが自分のものであればなおさらだろう。そしてもし現在の日本において、停滞の感覚どころか、衰退の感覚というものが一般的になっているとすれば、それはシオランの思想の理解にとって有益なものとなるだろう。

シオランにとって、歴史と文明の問題は彼のメインテーマのひとつと言ってもいい。彼はルーマニアでの学生時代から歴史哲学への関心を表明しており、1936年の著作『ルーマニアの変容』はその集大成と言える。戦後最初の著作『崩壊概論』でも、文明の崩壊あるいはデカダンスへの彼の関心が全面的に表れている。それ以降も『実存の誘惑』、『歴史とユートピア』、『時間への失墜』、『四つ裂きの刑』など、エッセイの著作のなかでは必ずといっていいほどこの問題を扱っている。

本章ではシオランの考えと日本の現状とを逐一照らし合わせたりはせず、より一般的な叙述にとどめようと思う。シオランの思想が日本の状況の説明としてどれほどあてはまり、またどれほどあてはまらないのか、興味のある方は、ぜひ自身で確かめてみてほしい。

もっとも、本章で見ていくのはある国の隆盛と衰退という問題だけではない。シオランの歴史と政治についての考え方である。というのも、ある国が隆盛したり衰退したりする舞台こそ歴史であるからだ。そして、政治は国家の主要な側面のひとつであり、国家は政治を通して、歴史という舞台で浮き沈みを繰り返す。

だがこのふたつに加えて何より本章で見ていくのは、彼の人間についての考え方である。これはある意味当たり前であり、同時に本章に限ったことでもない。怠惰になるのも、憎悪するのも、絶望するのも、自殺するのも人間である。そして国を作るのも歴史を作るのも人間である。だから歴史と政治を扱う本章でも、人間が関わるのは当然のことだ。しかしこの当然のことをあらためて強調したい。彼の歴史と政治についての考え方は、彼の人間についての考え方を基盤とし、そこから引き出されているのである。

歴史の暴虐

本章は憎悪と衰弱を扱った前章の議論を前提にしているので、その議論にも再度触れつつ、先に進んでいこう。

前章で見たとおり、私たちがこの世で成功するには悪徳が必要だった。悪徳は敵対感情を養成し、人を行為へと促進させる。同じことが民族や文明にもあてはまるとシオランは考える。人間が社会という舞台で成功するのと同じように、民族や文明が歴史という舞台で成功するのにも、悪徳が必要だ。
悪徳――悪意、敵意、怨恨、憎悪、嫉妬、強欲など、つまり対立を恐れるどころか好み、敵を設定し、敵を凌駕しようとする力が必要だということだ。この時点で不吉なものが影を落としていることは容易にわかるだろうと思う。一個人の憎悪でさえ決して無視できるものではないのに、ましてや国家や民族の憎悪ともなれば、なおさらだ。
生き生きとする民族が、他の人々に自分たちの価値を押し付けたり、経済的に搾取するために支配しようとしたりするなど、このようなことは、歴史上例に事欠かない。だから歴史はシオランにとって最悪のスキャンダルだ。

もうすこしうまく言えばこうなりますかね。つまり、歴史とは倫理の否定であると。歴史を究め、歴史について考えるなら、人はどうしてもペシミストにならざるをえない。〔中略〕四十歳ころになって、それまで知らずにいた歴史を発見したんです。そう、衝撃でしたね。それは考えうる限りで最大のシニシズムの授業ですよ。

（『シオラン対談集』65頁）

歴史はシニシズムの最良の訓練であるとシオランは言う。ここでのシニシズムとは、道徳的善や、人の善意を信じない態度のことだ。何か慈善事業をしている人について、あいつは良いことをやっているように見えるが、実は自分の利益からやっているのさ、と語る人はシニカルな人、つまりシニシストだ。あるいは発展途上国での慈善事業が、かえってその国を苦しめているというのはシニカルな事態だ。歴史を学ぶことは、人をシニカルにする。

実際、歴史の本を少しでも覗いてみれば、そこでは数えきれないほどの悪逆が叙述されているのを見ることができるだろう。歴史といっても、例えば文化史はそうでもないだろうが、シオランが言う歴史とはつねに政治権力の歴史のことだ。政治ほど道徳と無関係の領域はない、とシオランは考える。支配に次ぐ支配、戦争に次ぐ戦争。弱者は弱者であるというだけで迫害の格好の標的であり、そして弱者がこの世で、つまり歴史のなかで救われることは決してない。だから歴史を学ぶだけで、人は容易にシニシストになれる、というわけだ。

この意味では、歴史はペシミズムの最良の訓練であるとも言い換えられる。実際、歴史上の人間たちの事績ほど、人間の悪というものを私たちにまざまざと見せつけ、人間性についてて希望を失わせるものもない。だから歴史を学ぶとは、悪について学ぶということだと言える。シオラン自身も、歴史家の必然的な気難しさについてこのように語っている。

素樸さ、楽天主義、寛大さ――そういったものは、園芸家とか純粋科学の専門家とか、探検家などには見られるが、政治家や、歴史家や、坊主にはけっして見られないものだ。前者は同類なしでもすむけれど、後者は同類たちをもって彼らの活動、ないし研究の対象とする。人は人間の傍でのみ、気むずかしくなる。人間を思考の対象とし、研究し、助けようと欲するものは、遅かれ早かれ、人間を軽蔑し、嫌悪するようになる。

（『実存の誘惑』232―233頁）

文明の強健と衰弱

歴史は過去の出来事だが、そこで起きる事態は現在私たちの世界で起きる事態と同じである。生き生きしている人がおり、衰弱している人がいるのと同じように、生き生きとしている民族があり、衰弱している民族がある。さしあたりここでの「民族」は「国」に置き換えてもらっても構わない。あるいは「文明」とも言い換えてもいい。国家にせよ文明にせよ、それらを建設するのは言語的・文化的・血縁的に結びついている人々の共同体、すなわち民族だからだ。
生き生きしている民族は確かな信念を持っている。それは自民族の強さや、未来や運命に対する確信かもしれないし、強固な信仰かもしれない。いずれにせよその確信は排他的だ。そして対立を恐れず、対立に向かって喜んで飛びこみ、他者に自己のものを押し付ける勇気を持つ。帝国はそうやって出来上がるとシオランは考える。ちょうど悪徳を持つ個人がこの世界で成功を収めるように。

各種の文明は、それぞれ、おのれの生活様式だけが良いものであり、ほかの様式など想像もできぬと思いこみ、世界中をこの様式に改宗させよう、是が非でも押しつけてやろうと考えている。（中略）一帝国はただ気まぐれで創り出されるのではない。他国民に自分の模倣をさせよう、自分の型にはまらせよう、自分の信条習慣を範とさせようというので、これを臣従させるのである。
（『歴史とユートピア』50頁）

それに対して、衰弱した民族は自分自身への確信を持てず、自己の運命を懐疑する。自分が一番ではないかもしれないという疑いがますます強くなる。他者を排除することができず、他者を受け入れざるをえなくなり、ついには進んで他者を受け入れるようになる。言い換えれば寛容になる。自己のものを他者に押し付けないことによって、自由の余地が生まれる。これは以前の章で見たとおりだ。

生き生きした民族は排他的であり野蛮だ。対して衰弱した民族は文明的であり、自由と寛容を生みだしている。野蛮と言っても、必ずしも物質文明のレベルが低いことを意味しない。たとえばかつてのソヴィエト連邦は、物質文明のレベル的にはヨーロッパとほとんど変わらないが、死にかけているヨーロッパよりもはるかに活力があるとシオランは考えていた。もっとも、物質的欠乏が民族の活力と強健さを保存しやすく、そして文明の奢侈《しゃし》や爛熟が民族を衰弱させやすく、したがって脆弱であると彼が考えていたのはたしかだ。

時間は、長い間には、鎖にしばられた国民に幸運を恵む。すなわちそうした国民は、力と幻想とを蓄積しつつ、未来へ向って、希望の方へ向って生きるのである。だが、自由の中にあるとき、放漫と無事平穏と軟弱とからできあがった、自由を具現した体制の中にあるとき、私たちは何を希望することがあろう？

（『歴史とユートピア』48頁）

帝国と自由国家

生き生きとした民族はなにが優れているのか？　まずは決断力があり、情熱的に何事かをなすことができる。また暴力の行使に躊躇しない。さらには、批判的なメタ意識に苦しむことがないし、自分たちの犯した罪業に心を悩ますこともない。彼らは「至福」で、「無責任」で、「陶酔」の中に生きている。そして傲慢にいたるまでの自尊心がある。この宇宙が存在するのは自分たちのためだとすらみなす自尊心は、シオランにとって「歴史の原因」（『四つ裂きの刑』10頁）とも言うべきものだ。自己に対する確信と言い換えてもいい。文明と進歩の名の下に地球上を植民地化しようとしたヨーロッパ諸国がわかりやすい例だ。

上記の何よりも、生き生きとした民族が優れているゆえんは、ユートピアを持っていることにある。ユートピアとは希望とも言い換えられる。もっと言えば、彼らが優れているのは、希望を持つことができるからだ。それを持つことができるという点が、その文明に活力があることを示している。

その希望はほとんど根拠がない幻想だ。妄想とさえ言ってもいい。しかし妄想を持っている者は確信を持って行為できる。世界に君臨し、世界を支配することを確信を持ってできる。これに対して自己の存在意義に疑問を抱く帝国が崩壊するのは時間の問題だろう。

どれだけ誇大妄想の幻想であっても、それを信じられるかが問題だ。茶化したり、斜に構えたりせずに、素朴に信じられるかどうかが。

幻想が高まれば高まるほど強くなる。そして幻想がしぼめば衰退する。帝国を建設するには誇大妄想や過剰な欲望が必要であり、対して自由で寛容な国家を作るには、幻想から醒めることが不可欠だ。誇大妄想の例としては、ロシア（ソ連）とフランスとドイツ、過剰な欲望の例はイギリスとスペインが挙げられる。

これに対して、自由で寛容な国家を実現するためには、そうした幻想から脱することが必要である。人々が自分なりの流儀で生き、そして死ぬことを認める国。各人が異なる意見、異なる文化、異なる生き方を持つことを尊重する国。

このような自由化が啓蒙のプロセスと言えるとしたら、これを衰弱のプロセスと考えるのがシオランの特徴だ。つまり、自分から距離をとり、自己を批判的にとらえることは、衰弱の徴候だと彼は考える。生きている人間は、自分が生きているとはいちいち意識したりしないし、生きることとそれ自体を生きる目的にしたりしない。生きるとは、何かほかのことをするための手段にすぎないからだ。

文明の最盛期には、人は価値をただ価値そのもののために耕すのであって、生はそれを実現するための一手段にすぎない。個人は、自分が生きていることを知らない。

（『崩壊概論』184頁）

デカダンスとは生の排他的崇拝にほかならない。「生きる」とは何かを「する」ための単なる手段に過ぎない。デカダンスの中では、「生きる」ことは目的となる。

（『フランスについて』、拙訳）

衰弱に陥っている人間のみが、自分が生きていることを強く意識し、生きることそれ自体を生きる目的にする。健康な人間は、自分が健康であることを意識せず、病気になってはじめて、自分が健康だったことを意識するのと同じように。

自由国家は、この一般的な衰弱のプロセスにもかかわらず、まだ活力が残っているかぎり、時折そのような自由なあり方を自賛する可能性がある。そして、例えばアメリカ合衆国のように、自由や民主主義を他国に押し付けることもあるだろう。それは自由や民主主義をユートピア的に構想し、その普及が自らの使命であると考えていることを意味する。つまりそのような国はまだ生き生きとしているのだ。

自由の逆説

しかし、そのように自由や民主主義が排他的に最重要のものであると信じられなくなったら、どうなってしまうのだろう。そこではほとんど全面的に自由と寛容が実現するだろう。つまり、自由そのものさえも特権的な地位を振りかざすことが不可能となり、あらゆるものが許容される。その国では自由や民主主義を重要視するのも迷信や偏見の類とみなされる。

そのような国では「鉄鎖も迷信も」存在しないが、逆説的なことに、「完全な自由を熱望する人間は、それに到達したとたん、自分の出発点に、最初の隷従にもどってしまう」(『歴史とユートピア』80頁)。なぜだろうか。

まずシオランがその理由のひとつとして挙げるのは、自由社会における人間の孤立化および平板化である。たとえば、彼は次のように述べている。

自由社会は「神秘」も「絶対」も「秩序」も除去してしまい、本当の警察を持たぬと同様、本当の形而上学をも持っていませんから、個人を個人そのものに投げ返し、しかも個人をそのあるがままの姿から、それ固有の深みから遠ざけてしまいます。

（『歴史とユートピア』25頁）

詳しく見ていこう。自由社会は「神秘」も「絶対」も「秩序」も除去してしまう。つまり神や超自然的な秩序といった、人間を超越したものを退場させる。「本当の警察」とは、権威主義体制に表れるような過酷な警察ということだろう。

それを持たないのと同様に、「本当の形而上学」を持っていない。形而上学とは、上に述べた超越的なものを中心にして考えるシステムや思想と考えればいいだろう。そういうものを持たないから、「個人を個人そのものに投げ返す」。

自由社会は、あらゆる超越的なものを押し付けず、それを信じるかどうかは個人に委ねてしまうから、神秘も絶対も秩序も除去してしまう。超越的なものがなくなってしまったので、個人は自分自身と向き合う以外やることがなくなる。これは個人を超える価値や規範がなくなるということも意味しているだろう。

そして同時に、今や個人は個人を反芻するしかないものの、「それ固有の深みから遠ざけてしまう」。つまり個人を深めた先にも何かがあるのだが、それすら自由社会は廃棄してしまうということだ。個人固有の深みとはなんだろうか。この箇所のみでは確定的なことは言えないが、ほかのシオランの発言を考えれば、おそらくは個人の底にある無、むなしさの経験のことを言っているのだと考えられる。

根源的なものを垣間みたければ、どんな職業にもたずさわってはいけない。一日中、横になったまま、嘆いたり呻いたりすることだ。……

（『告白と呪詛』50頁）

この「根源的なもの」こそが自由社会では失われてしまう「個人固有の深み」だと考える理由は、自由社会の成員の大部分はどうみても嘆いたり呻いたりしていないように思えるからである。だって社会はそれなりに機能しているではないか？　みんなが無職になって嘆いたり呻いたりすれば、どうしたって社会は崩壊する。みんななんとはなしに、無職になって嘆いたり呻いたりせず、就職して働いているからこそ、自由社会は一応機能している。

労働がむなしいことはなんとなく感じられている。時折呻き声がかすかに聞こえもする。でも無職になろうとまではしないのだ。だから根源的なものも経験しない。ちょうど「そんなことをして何になる」と思っても、そのとおりに実行はしないように。

このむなしさというイメージは、大衆にも無縁なものではない。彼らはしょっちゅう言うではないか。《そんなことが何になる》、《そんなことをしてどうなるのか》〔中略〕だのに何ひとつ起こらず、世の中はあっけらかんとしている。一人の聖人も詩人もあらわれるわけではないのだ……。もし大衆がこんな決まり文句にふさわしい行動をしたならば、世の中の顔つきはすっかり変ってしまっただろう。

（『崩壊概論』82頁）

しかし世の中の顔つきはすっかり変わってはいない。ということはむなしさも、徹底的に経験あるいは意識されていないということだ。そのような経験や意識がなされれば、もう労働することはおろか、行為することさえできないはずだからだ。だって「本当に」すべてがむなしいと思っていて、まだ何かをしようとする人間が果たしているだろうか？

つまりは突き抜けた怠惰や衰弱の経験がなく、みんな中途半端に怠惰や衰弱しているということだ。これにはいい面もある。先に述べたとおり、自由な国の住民は、色々な意見や主張に寛容になれるほど、迷信や偏見から解き放たれている。これは間違いなくいい面だと言えるだろう。何より、衰弱が中途半端でなくなってしまったら、社会自体が崩壊してしまう。社会の側に立てば、崩壊しないことはいいことだ。

衰弱の批判?

だが、次のように疑問に思う人もいるだろう。前章までは衰弱は賞賛されていたのに、ここではあたかも批判されているようではないか。そのとおりだ。とはいえこれは目新しいことではない。シオランはしばしば立場を入れ替えて正反対の価値判断を行うのはすでに見たとおりだ。つまり、例えば衰弱という現象を取り上げるとき、シオランは衰弱がもたらすものを洞察する。その結果がある立場では都合がよかったり、違う立場では不都合だったりするだけの話だ。

衰弱は一方では趣味の洗練化、文明化をともなうが、他方では政治的無気力をもたらす。これは前章での衰弱が、善良さと同時に現世での無力を示していたのと対応している。

しかし、注意しておきたいのは、ここでの、そして以下に論じる衰弱は、そもそも上述とは意味がかなり違っているということだ。前章の衰弱はまさしく怠惰と同類の無気力であり、何らかの行為や努力をなすのがほぼ不可能の域に達していた。それよりも程度が軽い中途半端な怠惰や衰弱は、行為へのエネルギーに欠けていたり、何かをするのがおっくうながらも、嫌々生きているというものだった。ここでの衰弱は、この中途半端よりもさらに程度が軽く、その意味では希望がある。衰弱から脱することができるかもしれない。だが希望があるというのは、良かれ悪しかれ重大な結果を生む。

今述べたことを、衰弱よりは具体的な怠惰を例にとって整理してみよう。Aさんは家から出られないほど何もやる気が起きない。Bさんは部屋から出ることができ、なんとか職場に行くことができるが、本当におっくうであり、毎日死んだような目をして通勤している。Cさんは無気力に悩まされ、しばしば怠惰に過ごしてしまうけれども、なんとかそこから回復して人生で何ごとかをしたいと思っている。

さて、症状が一番軽く、一番生きやすいのはCさんだ。しかし思い出してほしいのだが、シオランの思想において生きるというのは不吉なことなのだ。だから一番危険なのはCさんだ。つまり憎悪のように世界に災厄を振りまくという意味で。

このことは、うつ病において、うつのどん底にいるときよりは、少し元気が出てきたときのほうが自殺リスクが高くなるのと似ている。つまりエネルギーが少し残っている、あるいは回復してきたときのほうが、どん底よりも危険なのだ。もっとも、少し元気が回復した状態は、上記の中途半端な衰弱により近いとも思われるので、完全に対応しているわけではないけれども。

ユートピアとアポカリプス

以上をふまえたうえで、自由と寛容の問題に戻り、先に進もう。そうすれば程度の軽い衰弱が、自由と寛容の社会にあってどのような反応を起こすのかがわかるだろう。

先ほど自由と寛容のいい面を挙げたが、同時に悪いとは言わないまでも、よくない面も存在する。そのひとつは、何かを信じることがどんどん難しくなるということだ。神のような超越的なものを信じること、社会を信じること、希望を信じることが難しくなる。場合によっては、信じることがもう不可能となってしまうだろう。

何かを信じられなくなること、希望を抱くのが不可能になることは、ユートピアの不在と言い換えられる。ユートピアとは、想像の理想郷のことだが、必ずしも完全な理想郷のみではなく、少しでも今よりましな未来のヴィジョンのことをも、拡大的にユートピアと呼べるだろう。

この意味では、社会の改良、人類の進歩、革命——これらすべては、程度の差はあれ、ユートピア的ヴィジョンがなければ不可能だ。少しはましな未来が可能だ、という最低限の希望がなければ、人々は社会改良に動いたりしないだろう。暗黒の未来の名において革命がなったためしはない。

暗黒の未来の名において、または苦々しげな予言の名において、革命が勃発したためしもありません。

(『歴史とユートピア』22頁)

そのユートピアが不可能になるということは、社会が動脈硬化をきたしているということだ。ユートピアを望むことはできない。だが自分の欠乏をたがやして、「根源的な経験」をすることもできない。しかしそのような絶望的な彼らにも希望できるものがひとつ残っている。それはアポカリプスである。

アポカリプスとは世界の終末と新しい時代の到来を預言することだが、ここでのアポカリプスとは、現在の社会や世界がひっくり返ってしまうような大破局が訪れることだ。瀕死の社会においては、ユートピアがアポカリプスに汚染されるとシオランは言う(『歴史とユートピア』151頁)。

衰弱した人間たちは、未来を信じることができない。社会や世界がよくなるという希望を持つことができない。だが上記のA・B・Cさんでいえば、AさんやBさんは希望の不在にとどまることができる。というよりもむしろ自動的にそうなっていくだろう。しかし厄介なのはCさんだ。Cさんは未来を素直に信じることもできなければ、未来の不在、希望の欠如に安んじることもできないのだ。

何も希望を持たないままにただ生きていくということには、釈放の可能性がない無期懲役と同じ種類の残酷さがある。この残酷さを通り抜けたすえに、Cさんたる私たちはようやくひとつの希望を見つけることができるようになる。それこそが破滅という希望だ。何か大きなテロでも起きないものか。どこからかミサイルが降ってきて、東京がめちゃめちゃになってくれればいいのに！

シオランによれば、ユートピアというのは私たちの「外部」である。外部とは、今・こことは違うどこかのことだ。今・ここにあって閉塞し窒息しそうなとき、私たちは外部へと救いを求める。その点で言えば、アポカリプスも外部だ。

ユートピアとアポカリプスの相違は、前者が端的に希望なのに対し、後者が絶望的希望だということだ。希望ということでは共通しているが、ユートピアが漸進的なものであれ急進的なものであれ、社会改良を目指すのに対して、アポカリプスはもはや改良でなく、破滅を望む。外部から一気に私たちを滅ぼす何かが起こるのを望む。

繁栄する社会は、貧しい社会よりもはるかに脆弱なものである。期待すべきものはただ一つ、おのれの破滅だけという社会なのだ。

(『生誕の災厄』166頁)。

おのれの破滅だけを願うようになった文明や社会はもうおしまいだ。

みずからの最期の展望にいい気になっている社会は、例外なく最初の一撃で潰え去るであろう。生命の原理を一切奪われ、襲ってくる力に抵抗しうる何ものももたぬ社会は、転落の魅力に抗すべくもなかろう。

(『四つ裂きの刑』27頁)

野蛮の誘惑

さらに悪いことに、自由社会の衰弱は、自由そのものによってよりいっそう悪化していくとシオランは述べる。衰弱した社会が、自らの最期を迎えた例として、シオランは古代ギリシャとローマを引き合いに出す。古代ギリシャはあまりにも啓蒙されたため、個人主義が台頭し、何かを信じることが不可能になり、懐疑主義が蔓延した。古代ローマは繁栄のあまり、繁栄そのものに疲れ、蛮族の侵略を歓迎し、自分たちの破滅を喜んだ。最悪のニヒリズムとは、食いすぎのニヒリズムだとシオランは述べているが（『崩壊概論』187頁）、古代ローマはその好例である。

衰弱した国は寛容なので、たとえ自己に敵対的な主張であっても、あらゆる主張は許容される。衰弱が強まれば、許容されるどころか、歓迎されることになる。衰弱した国とは、つまるところ発展した惰弱で文明的な自由な国のことだ。そんな国のただなかで、逆に惰弱な文明を耐えがたく感じている衰弱人間は、野蛮を歓迎し、惰弱な自国が蛮族によって征服されることを望む。

皮肉なのは、寛容が寛容な社会の破壊に力を貸している点だ。寛容な社会は、あまりに衰弱して寛容なので、自由や民主主義を破壊する思想にさえ寛容だ。寛容な社会においてそのような思想の流通が許されれば、ある種の衰弱した人間たちを引きつけるのは必至だ。衰弱した人間はそのような思想に快感を覚える。そしてついには野蛮を待望するようになる。

どうしてそんなことになるのだろうか。これについてはいろいろな観点から言うことができる。まず、文明は必ずといっていいほど（従来の道徳からすれば）道徳的堕落を伴うので、道徳的清潔さをいまだに価値と考えている人にとっては、堕落した文明人よりも道徳的に清潔な野蛮人のほうが好ましく思われるようになる。言うまでもないが、道徳的堕落とは寛容を意味し、逆に道徳的清潔さとは不寛容を意味する。それはシオランが次のように言っているとおりだ。

「淫蕩にふける傾きのある者は、心が寛《ひろ》く、慈悲に富んでいる。純潔に傾く者はそうでない」（聖ヨハネ・クリマコス）。キリスト教道徳の、延《ひ》いてはあらゆる道徳の、虚偽ではなく本質そのものを、これほど明確に力づよく摘出してみせるのは、まさに聖者が必要とされた。

（『生誕の災厄』160頁）

道徳的清潔さの野蛮愛好は、ある意味で失われた道徳性を取り戻そうとする動きだが、同じように、力への郷愁を残している衰弱した人間は、野蛮人の強壮さに同一化したいと願う。彼らは自分の弱さを厄介払いしたいが、独力で自分の弱さを克服することはできないので、他人を通してそれを実現しようとする。

ここで問題なのは、そのような自由社会に抗って野蛮を待望するような人間は、たしかに衰弱しているが、衰弱の程度が低い人たちであることだ。彼らはまだ外部を欲することができるのだから。

自由や寛容も、人間にとっては桎梏《しっこく》となる。それから逃れたい対象になる。文明人は野蛮人に呼びかける。自由と寛容から私たちを救ってくれ！ 私たちを自由から自由にしてくれ！


彼らは、ときには公然と、大抵はひそかに蛮族を羨望し、賛嘆し、必ずしも自分で認めているわけではないが、蛮族の奴隷になりたいと思う。

（『時間への失墜』69頁）


決断力、肯定しあるいは否定する力、蛮族の美徳はまさにここにあるが、そうであればこそ、それは終末を迎えた時代によっていつでも賞賛されるであろう。野蛮なものへの郷愁は文明の最後の言葉であり、それゆえにまた懐疑論の最後の言葉でもある。

（『時間への失墜』71頁）

野蛮なるアポカリプスの待望の誘惑は強い。歴史上のあらゆる文明はこの誘惑に晒されてきた。それに抵抗するのは容易なことではない。

自由と無関心

野蛮の到来を待望する主要な原因は、もうひとつある。それは自由に対する疲労だ。一般的に、誰からもあれをやれと強制されず、選択肢が無数にあり、そのなかから決定しなければならない状況よりも、人はむしろ誰かに指示・命令されるほうが楽に感じる。選択肢から何かを決断するという行為は、思いのほか疲れるものだ。そうでなければ、他人に何かを選んでもらうときにあらかじめ選択肢を絞るのが推奨されたりはしないだろう。

例えば私は、何か漫画が読みたい、漫画を買おうと書店に行っても、あまりの数の多さに途方に暮れてしまう。だからこそ友人や店員さんのおすすめを聞いたり、ランキングを参考にしたりするのだ。同じような経験がある人は多いだろう。

もちろん漫画の購入の検討と政治的自由が完全に同じ問題なわけではないし、誰かに頼ったら即自由の喪失だ、ということになるわけでもない（私たちは誰かに頼ってもやはり自分で決めているものだ）。しかし、自由がかえって桎梏となる状況もあることは理解してもらえると思う。

元気があるときなら自由に、思う存分検討して、決断することもできる。だが元気がなかったり、衰弱したりしていればどうなるか。誰かに決めてもらいたいと思うようになるだろう。そこから圧制への道が開かれるのだ――といえば、現代日本に(そして世界中どこにでも)見られるような、政治的に無気力で無関心な人たちへの批判である、ととらえるだろうか。

しかしそうではない。少なくともそれにとどまるものではない。たしかに政治的に無気力で無関心な人たちは、誰かに決めてもらいたいと思いやすいだろう。現存の政治権力に従属することもあるだろう。彼らは堕落しているといえば堕落している。しかし彼らは、すすんで圧制を望んだりはしない。無関心という形態でもって現状の自由を肯定しているのだ。逆に彼らの無関心が破られるときこそが不穏と混乱の時期、すなわち自由が失われるときだろう。

ここには、無関心だからこそ自由が守られるという逆説が表れている。なぜだろうか。基本的に、自由な社会とは、必ず一定量の他者に対する無関心を必要とする。私は隣人が何をやっていようが構わないし、道で行き交う人にもいちいち関心を払ったりはしない。

だから、隣人に対する無関心が溢れる大都市はまさしく孤独死にいたるまで自由であるのだ。その自由が、人間や社会にとってよいものか、人に幸福をもたらすのかどうかは、今は措くとしても。

そんな自由が危険に晒されるのは、誰もが他人に自分の考えを強制しようとし、他人を意のままに動かそうとするときである。言い換えれば無関心を捨てるときである。

> 人間は、無関心の能力を失えばいつ何どきでも殺人者となり、自分の観念を神に仕立てればその結果は測り知れない。
>
> （『崩壊概論』13頁）

政治的関心の持ち主が、どれほど他人を自分の意のままにしたいと欲しているのか、例を挙げるまでもないだろう。それは右翼だろうと左翼だろうと同じことだ。誰もが自分の意見を世界でもっとも重要なものだと思っている。誰もが他人の過ちを正してやりたいと思っている。だから次のシオランの言葉の「理想国家」とは、各人にとっての理想国家という意味である。

気に食わない連中をことごとく抹殺する権利こそ、理想国家の憲法第一条に明記されるべきだ。

(『生誕の災厄』167頁)

誰の心の中にも一人の預言者が眠っていて、それがいったん目覚めると、世の中に少しばかり不幸がふえるのである……。

(『崩壊概論』17頁、一部改変)

『崩壊概論』はこのような「預言者」——神に選ばれたと自称し、自らの言葉を神の言葉と同一視する人物——に対する反対宣言から始まっており、いちいち解説する必要もないほど雄弁にその危険について語ってくれている。やや長くなるし一部は繰り返しになるが、次の引用文に表れているとおりだ。

ひとつの真理を、己の真理をほしいままにする人間に比べれば、悪魔もいたって影が薄く見える。〔中略〕ほんとうの犯罪者とは、宗教または政治の次元で正統性を打ちたて、信者と背教者を峻別する人々のことなのである。

(『崩壊概論』13頁)

「楽園喪失」とは、ひとつの真理を追求してそれを見出したという信念、ある教義に熱中してその中にたてこもること以外の何であろうか。

〔中略〕預言者が声を張りあげたら、それが神の名においてであろうと、国家またはその他の何かの名においてであろうと、急いで逃げ出したまえ。彼は君らの孤独を辱かしめ、君らが彼の真理、彼の狂信の外側で生きることを許してくれない。彼は自分のヒステリーを、自分の善を、君らもともにするまでは承知せず、それを君らに押しつけ、君らを歪めてしまいたがる。ひとつの信念に憑かれながらそれを他人に伝えようとしない人間——そんな変り者には、この世でとんとお目にかかれない。世の中は、いったん救済の観念にとりつかれると、まわりじゅう息苦しくなってしまうのだ。周囲を見まわしてみたまえ。蛆虫たちが盛んにお説教をやっているではないか。〔中略〕誰もが誰もの生命を救ってやろうと眼の色を変えている。乞食や不治の病人でさえ同じ野望に燃えている有様で、世界中の歩道と病院は改革者で溢れかえっている。

（『崩壊概論』14-15頁、一部改変）

ところで、「信者と背教者を峻別する」ことこそ政治ではなかっただろうか。そして自分の「真理」の外側で他人が生きることを許すことこそ寛容であり、敵の真理の可能性を認めることこそ「デモクラシー」（『歴史とユートピア』10頁）ではなかっただろうか。

始末に悪いのは、狂信的な「民主主義者」や「自由主義者」が存在し、他人にそれを押しつけてくることだ。自律や自由を強制してくる民主主義者・自由主義者とはなんとも皮肉なものだ。といっても、これは案外深刻な事態でもあるのだが。他人に政治について自律的に・主体的にものを考えてほしいと願う人たちは、主体的に考えろと他人に強制することは原理的にできないのだから。

自由社会はその成員が堕落していないと維持できない。そしてその政治体制もある程度腐敗している必要がある。なぜなら、堕落した社会は、他人の堕落にも寛容である一方で、一切堕落を許さない政治体制とは、他人にも堕落を許さない、不寛容な政治体制だろうから。


私たちは腐敗した体制のなかでしか呼吸できないし——また、どなることもできない。だが、私たちがこのことに気づくのは、体制の破壊に一役買ったあげく、体制を懐かしむよりほかに手の打ちようがなくなったときに限られる。

（『カイエ』986頁）

自らの信念体系のコードに反することを許さない純粋派は、堕落を許さない社会や国家を夢見るけれども、この純粋派の夢想から、怠け者や無気力な者を迫害して「純化」し「改良」しようとする試みが生まれ、多様性と寛容を破壊することになるのだ。「自由は空虚を必要とする」とシオランは言う。空虚とは衰弱によって生まれる無関心の状態のことである。だが、その空虚が逆に自由をおびやかすようになる。自由に耐えられずに、自己を拘束し、他人を拘束しようという人間が出てくるからだ。

この点で、シオランは「人間は自由に耐えるようには、あるいは自由に値するようには」できていないと言う。まさしく「自由の要因をなす条件は、自由を廃絶する条件」である。人間は自由社会ほどの多様と分散には耐えられるようにできていないのかもしれない。シオランにとって「自由主義の虚妄」（『歴史とユートピア』11頁）はここに由来する。自由社会は歴史において例外的状態にすぎないのだ。

衰弱しなければ得られないという意味で、自由とはひとつの欠如態だ。欠如態にならなければ自由の果実は得られない。「〔人間の〕生はデモクラシーによってのみ意味を持つ」（『歴史とユートピア』48頁）、とシオランは言う。個々人の生が価値を持つのは自由社会においてだ。歴史において、どれほどの命が意味もなく奪われてきたことだろうか。もちろん自由社会においても形を変えて悲惨なことは起きる。それでも自由社会において、そうでない社会よりも生命が尊重されることは間違いない。

しかし自由社会のただなかに生きていると、自由社会での生活こそ、「生」を欠いていると感じられるようになってしまうのだ。それはまさしく自由社会が衰弱の結果であることに由来する。

それゆえ、欠如態ならではの危険があると言える。人は堕落した自由社会で窒息寸前になると、自由を放棄することを望むようになる。逆に言えば、変革のため、外部のため、ユートピアのためには、暴力を、自由の廃絶を、アポカリプスを恐れてはならないとも言えるだろう。アポカリプスの待望は、やはりひとつの希望ではある。

圧制者と奴隷

これまでの叙述からもわかるとおり、シオランの歴史と文化と民族に関する思想はオスヴァルト・シュペングラー『西洋の没落』に強く影響を受けている。また歴史と政治に関する思想はシオランの「反動的」な側面が一番よく見えるところだ。人間について非常にペシミスティックな見方をしていることも、彼が敬愛するジョゼフ・ド・メーストルといった反動思想家とそっくりである。例えば、次のような言葉。

私たちは、さまざまの人間が「人間」の解放を口にするのを聞くとき、驚愕に、いや激しい恐怖にすら捉えられる。奴隷にどうして「奴隷」の解放ができようか。（『四つ裂きの刑』16頁）

人間は人間であるかぎり奴隷であり続けるしかない。しかしこれを言い換えてみよう。人間が人間であることによって奴隷であるならば、人間の解放は、人間性の放棄によってしかもたらされない。つまり、人間の解放には人間をやめることが必要だということだ。シオランはこのような考えを強く推し進めたわけではない。たとえばテクノロジーによる人間性の放棄に関しては、シオランの関心の外にあった（むしろテクノロジーは人間を徹底的に奴隷化すると考えていた）。だから、この後のことを考えるのは私たちに残されている。

とはいえ、彼が何も示唆を与えてくれないわけではない。ユートピアをも、アポカリプスをも期待しないこと、窒息しながらも、無為のうちにとどまること。それもある種人間をやめることではないだろうか。だから第二部は、彼の解放の思想を扱うことになるだろう。ただその解放の希望は、可能性の光を垣間見せてくれながらも、むなしくも潰えることなるのだが。

奴隷の比喩をシオランはまた違った意味で用いている。すでに触れた症状が軽いCさんは反抗する。では、どういった人が反乱を起こすのだろうか。

> どういう種類の人間が反逆を起こし、暴動を巻き起すのでしょうか。奴隷がそうすることはまずありえません。奴隷状態に落ちた圧制者こそが、反逆を、暴動を起こすのです。
>
> （『歴史とユートピア』17頁）

これと同様に、衰弱に陥ったものの、まだ活力の可能性を残しているもののみが、反乱を起こす。とことんの衰弱に落ちこんだ者には、もはやそのようなエネルギーさえ残っていない。反乱を起こし、暴君を待望する者は、そのことでまだ自分が奴隷でないことを証明しているのだ。反対にそれすら不可能な衰弱している人間は、奴隷のなかの奴隷であることを示しているとも言える。このことと関連させれば、シオランの次の言葉も、また違った色合いを見せてくる。

苦しむことが多ければ多いほど、私たちは権利要求をしなくなる。抗議するとは、その人間が、どんな地獄も通りぬけたことがない証拠である。

（『告白と呪詛』127頁）

しかしある意味では、奴隷でない反逆者たちは、自由に耐えられない、寛容に耐えられないとも言えるだろう。自由を奪われた存在である奴隷が自由を体現しかつ自由を実現させることができ、反対にそこから反抗する者こそが、自由を廃絶することになるというのは、なんとも皮肉なことだ。奴隷は奴隷であることを徹底することによって奴隷でなくなる、とでも言うべきか？

凋落の時代の役割

実は、シオランは著作において衰弱について上述のA・B・Cのように明確に分節化しているわけではない。このように考えなければ筋が通らないという、私の解釈である。その理由を述べよう。例えば古代におけるエピクロス派やストア派、ピュロン主義者たちのような、果ての果てにまで行っている人たちが、蛮族を礼賛するなど考えられない。シオラン自身もエピクロスのことを「偉大な敗者」と言っている。彼が敗者なのは、古代社会は彼の脱幻想の教えではなく、キリスト教という幻想を選んだからだ。シオランはもし全人類がストア派を選んだなら、人類はもう「〈おしまい〉になっていただろう」（『実存の誘惑』201頁）と言っているが、もちろんそうはならなかった。

そしてエピクロス派やストア派の領域にまでいかなくとも、かなり衰弱している人たちが、野蛮の導入、そして再生などという、エネルギーを非常に要する行為を望むというのも考えにくい。彼らは襲撃してきた蛮族を受け入れるかもしれない（彼らは「寛容」だから）。だが衰弱する社会に対して、外部への希望によって反抗するだろうか。むしろ彼らは好んで衰弱に沈潜するのではないか。だから野蛮を礼賛し、再生を望むなどということができるのは、彼らと違い、まだ希望することができる人たちだというのが私の考えだ。彼らはまだ見込みがあるのだ。この惑星に今一度災厄を振りまくことができるという見込みが。

本章ではシオランの預言者への反対について触れてきたが、シオラン自身も一人の暗黒の預言者であって、あるときには諸民族や価値の衰退どころか、人間そのものの、「歴史」そのものの破局的崩壊のヴィジョンを語ることもある。

彼によれば、人間が生まれてきたのは、人間自身を滅ぼすためだ。だが、人間は失敗を運命づけられているから、栄光と魅惑にみちた見事な大破局など達成できず、質の悪い不面目な最期をとげることになるのがせいぜいだろうと言う（例えば、『四つ裂きの刑』所収「最悪事の緊急性」、あるいは『深淵の鍵』）。彼の説く暗黒の終末がどんなものか、ぜひ読んでみてほしい。

シオランはヨーロッパは衰退に陥っているとみていた。「西欧。いい匂いのする腐敗物。香料入りの屍体」（『生誕の災厄』169頁）。コミュニズムという理想を手放してしまったヨーロッパは、イデオロギー的に人畜無害となった。ヨーロッパはこともあろうにそれをソヴィエト・ロシアに渡してしまった。ヨーロッパの自由の崩壊はロシアによってもたらされるだろう――しかし、この点で、彼は読み違えた。また、彼がアメリカを論じるときは、どのように扱えばいいのか、いささか迷いが見えるようだ。

しかし、ソ連崩壊後も、ヨーロッパの混乱が終わった、圧政の危機が去ったということは言えない。1990年代、ソ連崩壊後に、「歴史の終わり」が唱えられてから久しいが、もはやこの言葉は、それが間違いであったと言われるためにのみ呼び出されている感がある。その後も圧政は消えるどころか、近年は自由主義・民主主義に対する権威主義体制の優位性さえ語られることもある。ヨーロッパとロシアの対立に決着がついたとはまだ言えない。そしてシオランがシュペングラーよろしく「眠れる国」・「リズムが遅い国」とみなしていた中国が目覚めたのを見たら、彼はどう思うだろうか。果たしてこの後には何が起こるのだろうか？　シオランは間違っていたのだろうか？　それは私たち自身が確かめるしかない。

シオランは憎悪の世界に必ずしも賛同していない。しかし衰弱の世界に全面的に賛同しているわけでもない。本章で見えたのは自由の難しさだ。改革者の善意と歴史の暴虐に対する処方箋は、衰弱と堕落だ。だが中途半端な衰弱と堕落は力の希求へと反転する可能性を秘めている。

しかし、もし人がペシミストであり、よりペシミスティックになろうとするならば、「生き生きしない」ことに同意することが、徹底的に衰弱することが必要だ。それはもはや野蛮なものへの郷愁を捨て去るところまで衰弱することだ。ユートピアのなさで窒息しながら、新たなユートピアをも、アポカリプスをも期待しないこと。「凋落の時代のはたすべき役割は、文明を裸にし、その仮面をあばき、そのさまざまな威信を、達成と結んだ尊大さをはぎ取ることだ」（『四つ裂きの刑』12頁）。凋落の時代に生きる衰弱した私たちにも、やることがあるのだ。

ここまでいくと、むしろ第二部で扱う解脱の領域に入ってくる。第二部ではこの道を見ていこうと思う。そのような境地は、いま語るときには、一種の否定的なユートピアとなってしまうのだが。

最後に、日本について言及してこの章を閉じよう。現代の日本の人間はどれほど衰弱しているのか？　個人的な印象では、衰弱はしているが、それほど大きいものではないと思う。なんだかんだ言って、人々は政治に関心を抱いているし、社会問題について熱心に議論したり争ったりして、自分の真理を他人に説いて回っているではないか。そして社会はまだそれなりに機能しているように見える。だが、確実に衰退は進行しているし、依って立つ基盤が掘り崩され続けているのは間違いない。はたして日本が力への郷愁から野蛮なるものを待望するほどまだ生き生きしているのか、それともシオランが「名誉ある死」と言うところの、「共同の無関与、集団的な判断停止」（『時間への失墜』64頁）にまで至ることができるほど衰弱しているのか。それは追々明らかになるだろう。

5 第五章 人生のむなしさ

生のむなしさの自覚にかけては私の右に出る者はいない。

（『カイエ』２３０頁）

あまり攻撃的にとられたくはないのだが、私は普段あまりに自然に人生とはむなしいものであり、人生に意味はないと思っており、わざわざあらためて公言する必要を感じないほど確信しているので、ときどき人生に生きる価値を見出している人に会うとびっくりしてしまう。たとえるなら、人と会って、一緒にタクシーに乗ろうとするとき、その人が車の屋根の上に乗ったらびっくりしてしまうのに似てるだろうか。きっとむこうもむこうで、屋根の上に乗る人間を見て驚いていることに驚いていることだろう。この例では自分を「正常な」側に置いているが、それほど当然のことだと思っていると受け取ってほしい。

なので、この本の執筆段階でも、人生とはむなしいものだということを完全に前提していて、たとえシオランが何度も人生はむなしいと言っていたとしても、取り立てて論じようとは最初思わなかった。他のこと、たとえば怠惰は美徳だとか、憎悪は有用だとかは、納得しない人もいるだろうし、取り上げて論じる意味はあると思うが、人生はむなしいというのは、人間は首を吊ったら死ぬのと同じくらいあまりに自明だ。あるいはロンドン塔はロンドンにあるのと同じくらい自明だ。そうではないか?

そうではないかもしれない、ロンドン塔はロンドンにないのかもしれない、と思ったので、人生のむなしさについて、シオランが考えていることに触れることにした。といっても、本書はほぼすべて人生に関することなので、記述やトピックがかぶってしまうところがでてきてしまうが、そこはご了承願いたい。

本章の結論はとくにない。というより、結論は最初から出ている。人生はむなしいと最初に言って、最後にやっぱり人生はむなしいと言うだけだ。だからなんの生産性もない。しかし、生産性がないというのはこの場合、ほめ言葉だろう。人生はむなしいという言葉さえむなしい。本章はそのことを確認していく章でもある。

人生はむなしい

人生はむなしい。シオランが人生のむなしさについて語った言葉は数えきれないほどだ。彼の『カイエ』を少し開いただけで、次のような言葉に出会うことができる。

> ヴァランジュヴィルの断崖の下でのこと。眼前に聳える岩を前に、あらゆる肉の果敢なさと虚しさを、また生の無意味さを知り愕然とする。持続など私たちにはないのだ！　そのときまで経験したことのない強烈な、この啓示を私は忘れることはあるまい。
>
> （『カイエ』34頁）

横になり空を見ていると、すべてのものは虚しいとの思いに、私はたちまち茫然自失する。
（『カイエ』97頁）

彼は人生はむなしい、すべては無意味だという思いを抱いていたのと同時に、人生のむなしさを強調する文章や表現に好んで触れていた。ちょうど私たちがシオランに同じことを期待するように。

私たちの無意味さについての解説、それに関係のあるものならどんなものにでも私はたまらなく嬉しくなり、私にある最良のものも最悪のものも満足を覚えるのである。
（『カイエ』323頁）

このように、シオランは何度も人生はむなしいと言い、そして何度も人生のむなしさを強調する文章を読み続け、幾度となく同じことを確認する。それはまさしく彼が言っているように、永久に同一地点にとどまりながら回り続けるこまのようだ。

《この世で価値あるものは何ひとつない》と、日に千度自分に言い聞かせること。永久に同一地点に立って、独楽《こま》のように愚かしくぐるぐる廻りつづけること……。なぜなら、何もかも虚しいという思いには、進歩もなければ決着もないからである。われわれがこの考えをいかに反芻してみても、知識はいささかも増加するわけではない。それはそのままの姿で、常に出発点にあった時と同じく豊かであり、空無である。

（『崩壊概論』152頁）

人生のむなしさをどれほど確認しても、それで知識が増えるわけではない。事態は相も変わらず同じままだ。それこそ人生はむなしいと言い続けること自体がむなしい。いつこまが止まるかといえば、それは死ぬときだろう。だからそれまで前進も後退もなく、死ぬまで回り続ける。

人生の疲労

私たちに無限に人生のむなしさを確認させ、またその念を強くさせるのは、人生の疲労だ。怠惰と疲労の章でも見たが、人は生きているだけで疲れるものだ。人生に向いてない人はなおさらだ。呼吸をしているだけですり減っていくというのに、日々の労働や人間関係が輪をかけて私たちを蝕んでいく。洗濯しなければならないとか、日常の小さなことから、仕事の進捗や納期、将来の展望といった大きなことまで、さまざまなことが私たちにこれをしろあれをしろ、これに関心を向けろあれに関心を払えと命じてくる。私たちはその濁流に飲みこまれ疲弊しきってしまって、そのうち、なんのためにこんなに疲れているのか、なんのために生きているのか、わからなくなる。すべてのことが徒労に思えてくる。ときどき、なんの苦しみもなく、ふっと一瞬のうちに自分が消えれば、どんなに楽だろうかと思うようになる。

何よりも、私たちは生きているだけで老いていく。どんなに疲れ知らずの人にも、老いは待ち構えて、じわじわと襲いかかってくる。老いは疲労を増し、そして人生のはかなさに私たちを直面させる。シオランは『カイエ』のなかで、時間がもたらす荒涼とした結果を書きしるしている。四十年以上前には有名だったが、今や忘れ去られた女優の名前を思い出したとき。「だれがこの女優のことをまだ覚えているだろうか」(『カイエ』986頁)。

あるいは、戸棚のなかにいっぱいになった、二十年前、三十年前の手紙。「この手紙を読んで、私は痛切にあらゆる人間関係の虚しさを感じた。二〇年前の激昂も熱狂も、いまはもう跡かたもない」(『カイエ』700頁)。手紙は当時の人間の情念と人生を証言してくれる。しかし今やそれらはもう消え去ってしまった。そして、三十年ぶりに再会し、まるで別人のようになってしまった旧友の顔に刻まれた皺。

時間に対する不安は、哲学者などの本を読むよりもずっと前に、たとえば疲れたとき、ひとりの老人の顔をじっと見つめているときに始まる。〔中略〕まるで、時間がひとつひとつの皺に堆積し、生成が錆びつき、持続が年老いたかのようだ。（『思想の黄昏』41頁）

『伝道の書』が手許にないときは、老人を見よ。老人の顔——『伝道の書』はこれにまったく無縁ではありえない——は、賢者などよりもずっと多くのことを君に教えるだろう。なぜならば、虚しさの概論書などよりもはるかに冷酷に時間の作用を啓示する皺があるからだ。（『思想の黄昏』42頁）

人生の徒労

しかし、そもそもなぜ人生はむなしいのだろう。それは私たちの人生がとても脆く、崩れやすく、はかないからだ。時間とともに私たちは老いて昔のことを失ってしまう。むなしいというのは、変転限りなく、持続性がないということだ。永続性のかけらも持たず、すぐにふっと消えてしまう。そこから無駄、無意味ということが出てくる。疲労や苦しみ、歴史や未来への展望がむなしさの感情を強める。

実は失うものがある人はまだいいほうだ。それすらなかった人は単なる苦しみだけが残る。なんのためにこの世に生まれてきたのやら。無意味に苦しむためか？　こんなものは最初からなかったほうがよかったのに。そして人はただ死を待つか自分から死に向かっていく。首をくくって一気に到達する人もいるし、酒や煙草などで徐々に近づいていく人もいる。

人生がむなしい理由のもうひとつは、私たちのやることが結局は無に帰し、無駄だからだろう。今までどれだけの人が生き、労苦し、死んできたことだろうか。その大半は記憶も記録もされていない。まるで存在しなかったかのように彼らの事績は消えてしまって、痕跡すら残っていない。この地球に自分たちの労苦の跡を少しでも刻めた人はまだいいほうで、そんなことすらもできなかった人々もたくさんいる。

たしかに、彼らの労苦がすべて跡形もなく消えてしまったわけではない。たとえば古代の事業の痕跡は、私たちに彼らが生きて彼らがなしたことを語る。遺跡の出土品は、彼らの生活の営みを、彼らの人生が存在したことを物語る。だがそれすらも、この宇宙が消し飛んでしまえばすべて無に帰るだろう。私たちが住んでいる地球は、何十億年後かには太陽に飲みこまれて消滅してしまうかもしれないらしい。そうすると本当にすべて消えてしまうわけだ。

個人的な話だが、私は宇宙に関する話を見たり聞いたりしていると涙が出てきてしまう。物事がほんとうに馬鹿げたスケールで広がっていて、ひとりの人間の小ささ、矮小さ、儚さが際立って感じられてしまうのだ。シオランも同じようなことを言っている。

> けさ、ある天文学者が、宇宙には何十億個かの太陽がある、と喋っていた。聴いたあと、私は洗面をやめてしまった。いまさら顔なんぞ洗っても仕方がないではないか。
>
> （『告白と呪詛』17頁）

いまや消えてしまった彼らの労苦は全部無駄だったとは言えないかもしれない。たとえばもう跡形もない橋を作った人でも、それが存在していた当時は誰かの役に立ったのだろうから。しかしそういった次元を超えて、はたして彼らが生まれてきたことに意味があったのだろうか、そもそも人間の存在に意味があるのだろうか、と問うと、とたんに足が止まってしまう。

それが何になる?

だから一切は徒労なのだ。そう断言すると、それでも自分のやりたいことをやるのはいいことなのではないか、と反論されるかもしれない。シオランはこう答える。そのことさえ実は徒労なのだと。一切が徒労だというのに、どうして自分の行為だけがその呪いから逃れられると思うのだろうか。

たとえ一切が徒労だとしても、自分の行為を首尾よく果たすことは徒労ではあるまい。そういう声がいたるところで聞えてくる。しかし、そのことさえ実は徒労なのである。この結論に達し、それを耐え忍ぶためには、いかなる職業にもつかぬことが必要だ。職業につくとしても、せいぜいが王の職であろう。あのソロモンのように。

(『生誕の災厄』18-19頁)

面白いことに、一切は徒労であると断言し、すべてのことがおしなべて徒労になると、何をしてもいいことになる。だって何もかも徒労なら、これにかえてあれをするべきだと主張する根拠もなくなるからだ。このとき、すべてのことは暇つぶしか、シオランの言葉でいえば「気晴らし」になる。「それが何になる?」と言うことによって、あらゆる行為の意義が掘り崩される。あくせく働いても、それが何になるだろう。

今朝、目を覚ますなり第一に考えたこと。すなわち、人間がかつて得たもっとも深い直観は、すべては気晴らしという直観であるということ。〔中略〕あらゆる約束、あらゆる幻想にまさるもの、それは結局のところ、それが何になる？という平凡な、それでいて恐ろしいリフレインだ。この、それが何になる？は、この世の真理であり、端的に真理そのものだ。私は五七年生きてきたが、白状すれば、これにまさる哲学の啓示にあずかったことはない。

（『カイエ』656頁）

どうせ死ぬのだから――テロリストの論理

この「それが何になる？」が成立するのは、私たちの行為が無駄で、一時的で、はかないからであり、そして結局死んでしまうからだ。ここでは、死があらゆる態度を正当化するという事態が表れている。シオランは、「死は有効性と無効性の両方を正当化する」と言っている。つまり、私たちはいずれ死んでしまうという事実から、死ぬ前に何かをしなければならないという答えを引き出すこともできるし、逆に、どうせ死ぬのだから、何をやっても意味がないという結論を引き出すこともできる。そのようにして、何かをやる場合でも、やらない場合でも、死は「あなたを助けてくれる」。

非常に重要なのは、死の観念はあらゆる態度を正当化するということです。死はどこにでも引き合いに出せるし、どんなことにでも役に立ちます。死は有効性と無効性、両方を正当化します。次のように言うことができるでしょう。「ねえ、どうしてこんなことをする必要があるんですか。どうして苦労しなきゃいけないんですか。どうせ死んでしまうのに……」。あるいは反対にこうも言えます。「いずれ私は死ぬのだから、私に残された時間は限られているのだから、私は急いでこれをやらなければいけない……」。まさしく解決がない問題であるがゆえに、死はいかなる態度をも正当化し、生の重要な局面において、あなたを助けてくれるんですよ。死はすべてを正当化する終わりのない問題です。

（ガブリエル・リーチェアヌとの対談、拙訳）

平たく言えば、どうせ死ぬのだから、何をやったって構いやしないというわけだ。これはテロリストの論理かもしれない。しかしそれなら、人間はそもそも全員が潜在的なテロリストなのだと言うべきではないだろうか。誰もがテロリストになってもおかしくないのに、この世界の社会や物事が私たちにそう考えないようしむけているだけなのだと。宗教。家族や恋人への愛情。責任、貢献、援助など、社会の制度。これらが私たちに人生に意味はあると教えこみ、私たちがテロリストの論理を見出すのをさまたげようと試みる。

といっても、人々の意識が曇らされていると陰謀論的に考え、人々の意識を覚醒させようという啓蒙活動にいそしむ気はまったくない。そんなのはまったく無駄でむなしいことだ。人が自分の人生のむなしさを自覚しようと自覚しまいと、事態が変わるわけではない。同じように人は生きて死ぬ。

実際には、逆のほうが多いだろう。人生はむなしいという感覚は静かな苦しみであり静かな不幸でもある。そんなことに縁がなく、幸福のままに死ねるのは、いいことではないだろうか。人が他人を痛みをともなう真実に目ざめさせようとするときに根拠とするのは、真実を知らないままでいるのは、真実を知るよりももっと不幸（ほかの言葉でもいい）である、という考え方だ。だが、少なくとも、痛みを経験しないのはいいことだし、そして人生のむなしさを経験しないというのが、本当はもっと不幸なことだと言えるかどうかは、定かではない（後ほど言う、人生のむなしさの喜びというのもあるけれども）。

人生のむなしさが救われるのは、第二部で扱う救済のときだけだ。もっとも、そのうちのひとつは、そもそも生まれないという完全に不可能なことであり、そしてもうひとつは解脱という、究極に困難なことなのだが。これについては第二部を見てほしい。

ちなみに、すべてを正当化するという事実は、死刑を廃止する理由のひとつになるかもしれない。社会の観点から見れば、テロリストの論理が発動して、本当にテロリズムが起こってしまうのはよくないことだ。死刑があることによって、どうせ死ぬのなら……と、かえってこの論理が発動する機会を増やしているかもしれない。実際に増えているかどうかはわからないが、可能性としてありうるという話だ。

実際には、こんなに人生のむなしさを抱えているような人は、多数に危害を加えるような大したことはしでかさないだろう。単純に疲れるからだ。そんなことよりベッドで寝ていたほうがよほどいいではないか？　これは怠惰と疲労の章で見たとおりだ。いくら正当化してくれるといったって、別にそれをやらなければいけないわけではない。

勝とうが負けようがどうでもいい

だから何をやってもいい。何をやっても意味はないから。成功しようと失敗しようとどうでもいいではないか。それが私たちになんの関わりがあるだろう。私たちの成功も失敗も、最後には塵のように消えるし、そして私も灰になるのだから。『絶望のきわみで』の若きシオランは、このことを次のように熱気をこめつつ語っている。

たぶん、君は勝つかもしれぬ。それに君が負けるにしても、いずれにしろどうでもいいではないか。この世に勝ちとるべきものが、失うべきものがあるだろうか。すべての勝利が敗北であるように、すべての敗北は勝利である。〔中略〕私はかつて私に課せられた――あるいは課せられなかった――すべての問いに、答えに替えて、火を吐きつけねばならないと思っている。

（『絶望のきわみで』176－177頁）

若きシオランのように、この事態を苦しみと情熱でもって体験しよう、とすることもできる。だが、疲労した私たちには、もう少し老いぼれた、疲れきったシオランの言うことのほうが合っているかもしれない。彼によれば、人生に立ち向かおうと、逃げ出そうと、どちらでも構わない。勇気も臆病もどちらも同じ病の両極端だ。

勇気と恐れ――これは同じひとつの病の両極端で、その特徴は、人生にむやみやたらと意味と重みを賦与しようとするところにある。

（『崩壊概論』125－126頁）

シオランは、勇気ある人も臆病な人も、「物ごとに対する明察力ある蔑視」が欠けていると言う。世界のすべてのものごとを自分に関係づけてしまい、自分の人生は祝福されているとか、呪われているとか思ってしまう。自分の人生を特別なものだと思ってしまう。そうではない、物事は私たちに対して友好的でも敵対的でもない、私たちにはなんの関わりもない、私の人生は特別なものではない——「明察力ある蔑視」によって、そうみなすことができる。

人生のむなしさを抱いた人が得られるものといえば、この蔑視くらいだろう。人生はそんなに意味と重みを与えるほど大層なものではないのだと。たまたま生まれて、少し過ごした後、ふっと消え去るくらいが関の山だ。家族や職場など、あらゆる社会生活の重みに耐えかねているときに、こんな風に思えれば少しは楽になるのではないだろうか。実際には、そんな風に思えないことがしばしばだろうけれど——それほど社会生活の重荷は重いのだ。だが、本当にこういう風に思える人は、第二部で触れる「解脱」にかなり近づいていると言ってもいいだろう。

人生に意味はないという喜び

ここまで読んできて、なんと陰気なものを読まされるのかと思った方もいるかもしれない。個人的には、それほどネガティブなことを述べている気はしない。あまりにも当然すぎて、特別ネガティブだと感じないのだ。しかし実際、人生はむなしいというのは、それほどネガティブなことなのだろうか。シオランは逆のことを言っている。つまり、人生に意味はないという事実が、ある種の「ポジティブな」効果を生むのだと。ひとつめは、人生に意味がないのは喜びであるということだ。そしてふたつめは、人生には意味はないという事実は生きる理由になるということだ。

まず、ひとつめの、人生に意味がないのは喜びである、という言明から見ていこう。シオランは次のように言っている。

人生に意味はない、意味を持つことはできない――他のあらゆる確信にまさるこの確信を、われわれは心の奥深くしまっておこう。もし何か思いがけぬ啓示があって、その逆だと教えてくれたら、われわれはたちどころに自殺しなければならなくなるだろう。空気がなくなってもわれわれはまだ呼吸するであろうが、この世はむなしいという悦びを奪われたら、われわれは窒息してしまうのである……。

（『崩壊概論』177－178頁）

人生に意味がないというのは、人生には目的がないという風に言い換えられる。なんのために私たちは生まれた？――なんのためでもない、だから私たちに存在意義はない。このことはもちろんネガティブなことに感じられるかもしれない。

しかし、目的がないからこそ楽しいということはないだろうか。目的があるならば、それを達成したかどうかで各人の人生の価値が決まってしまう。明確な目的があるというのは、達成するにせよしないにせよ、苦しみの原因になる。できた人はまあいいだろう。だができなかったらどうするのか？　しかもその目的とは外から強制された目的だ。反対に、目的がないのなら、好きなことをやっていいのだ。シオランは言う。

生に明確な目的を与えてみたまえ。それは直ちに生本来の魅力を失ってしまう。

（『崩壊概論』25頁）

目的がないからこそ、私たちはなんでもできる。むしろ私たちには意味があるから、目的を与えられているから、何かをやらなければならずに苦しんでいるのではないか？　私たちが何かのために生まれたのなら、私たちはそれをしなければいけない。いや、実のところは、何かのために生まれたからって、別にその何かをしなければいけないというわけではないのだが、その何かをしろという圧力が生じるだけで私たちには苦しみになる。そして実際、この種の圧力は私たちの身近ですら無数にある。労働、結婚、生殖（出産）、社会貢献等々を考えてみればいい。

逆に、もし私たちの人生に意味があったとしたら、それは恐ろしいことだ。このことは、「人生の意味」が測定可能な何かとして存在し、それを研究する「科学」が生まれると想定してみると、わかりやすくなる。「生の意味をめぐる実証科学ができれば、それはただ一日で地上を沙漠と化する」（『崩壊概論』25頁）。

私たちの生の意味を測定され具体的にされることほど恐ろしいことはないだろう。あなたは人生の目的はこれこれです。あなたは目的を何％満たしました。そこのあなたは1％しか満たしていません、駄目人間ですね。――そちらのあなたは100％達成しましたね、優秀です、おめでとうございます。あなたにもう存在意義はありません。ではさようなら。

存在意義がないことにおびえるのは、なまじ存在意義があるからであって、最初からなければ、そんなもの屁でもないだろう。だから私たちに存在意義がなく、無益な存在なのは、ひょっとして幸福なことなのかもしれない。しかし、その代償として、私たちはこの「無」とつきあっていかなければならない羽目になったのだから、やはり不幸なことかもしれない。結婚と独身はどちらが幸福かと訊いているようなものだ。そんな大問題にはとても答えられない。ただ独身は空虚であるがゆえに楽だとは言えるだろう。その空虚が苦しみとならないかぎり。

人生に意味はないということが生きる理由の一つになる

それではふたつめのポジティブな効果に移ろう。ふたつめは、人生には意味はないという事実は、生きる理由になるということだった。それについてシオランはこう言っている。

生にはなんの意味もないという事実は、生きる理由の一つになる。唯一の理由にだってなる。
（『告白と呪詛』74頁）

なぜだろうか。このシオランの言葉の真意を、私はまだ汲みつくしきれたと思っていない。理解できたかぎりで述べるとすれば、人生に意味はないというのは、あえて死ぬ理由にはならないということだ。だって人生に意味はないのだから、生きたって意味はないし、死んだって意味はないのだ。だからわざわざ死ぬ理由にはならない。その結果として、生き続ける理由のひとつになる。

セネカの言葉として、「人生はそもそも全部悲しいのだから、別に何か悲しいことがあったって悲しむ必要はない」というような意味の言葉があるそうだ（伝聞なので、確実ではない）。これも似たようなことを言っている。一度すべてを悲しみで塗りつぶしてしまえば、わざわざ何か個別のことについて悲しむ必要はない。

これらの言葉がネガティブに感じられるか、ポジティブに感じられるかで、人を区分することができそうだ。ネガティブに感じる人は、人生に意味はないとか、人生は悲しいということがそもそも強くネガティブだと感じる、ポジティブな人だ。だから、その後に発せられるメッセージ——「生きる理由の一つになる」「悲しむ必要はない」がポジティブに感じられない。

逆に、上記の引用をポジティブに感じる人は、ネガティブな人であって、人生に意味はないとか、人生は悲しいというのはあまりにも自明なので、とくにネガティブだと感じない。そのおかげで、その後のメッセージへの感受性を高めることができる。

上記のふたつのケースのどちらでも、徹底的にネガティブに考えることによって、逆にポジティブな境地が表れてきている。絶望の言葉が、逆に人に勇気を与える、というのは近年ちょっとした流行になっている。「元気がでる悲観主義」というのはその一例だ。流行になるのはどうかと思うところもあるが、しかし実際悲観主義は元気が出てしまうのだからしかたがない。

だが、このネガティブがポジティブになるという事態が、本当にそのままでいいのかという問いは立てられる。この問題は第二部で扱うので、そちらを見てほしい。

結論、やはり人生はむなしい

結論と呼ぶほどのものはない。本章冒頭でも言ったように、やはり人生はむなしいと繰り返すだけだ。それこそ先に触れたこまのように。

こまの比喩はよくできている。生きることが回ることだとしよう。ほかのプレイヤーは、回りながら前進や後退をしている。こまは回りながらそこにとどまっており、前進も後退もしない。ただそこにとどまり続けるこまは、やはり回っている。回転をやめず＝死なずに、回っている。死がいつ来るかはわからないが、それまでは回りつづける。人生はむなしいということは人生に「腰を据える」ことになる。（『崩壊概論』153頁）

先取りし言ってしまうけれど、この意味では、人生はむなしいと思う人は、第二部で扱うペシミストと同じだ。というより、人生をむなしいと思わないペシミストのほうが珍しいだろう。人生に腰を据えてしまうのは、いいことでもあれば悪いことでもある。しかしまあどうせ死ぬのだし、余生を好きにしたらいいのではないか。

生きるどんな理由もなければ、ましてや死ぬどんな理由もない――齢《よわい》を重ねるにつれて、私はますますそう思う。だから、根拠などまるでなしに生き、そして死のうではないか。（『カイエ』558頁）

本章で発見があったとすれば、人生はむなしいとつぶやくことの効用があるように見えたことか。これは前章で触れた自殺の観念の効用と似ている。だとすれば、人生はむなしいという主張は、少なくともひとつの意味を持ち、そのかぎりではあまりむなしくなく、生産性を持ってしまうことになるではないか？　なんということだろう。

まあそれでも、人生はむなしいことに変わりはない。やはり人生はむなしい。

6

第六章

病気と敗北

伝記としてあるべきは私たちの病についての伝記だけだろう。

（『カイエ』369頁）

私は無名でいたかった。そして難なくそうなることができた。

（『カイエ』426頁）

シオランはとても病気がちな人だった。まずは彼を生涯苦しめたリューマチがある。彼はつねに足の痛みに悩まされていた。また彼はしょっちゅう風邪を引いて、副鼻腔炎にかかっていた。彼が言うところでは、一年のうち半分は風邪を引いていた年もあった。胃腸も弱っていたので、食べられるものが限られており、食餌療法を行っていたが、それなのに病気にかかってばかりだと嘆いている。さらには長年の不眠。彼は人間を区分してよく眠れる人間と眠れない人間に分けるのが常だった。そしてしばしば襲ってくる倦怠と憂鬱。最後には彼の生命を奪ったアルツハイマー病。だから病気がちな作家を彼がとても好んだのも無理はない。

私がこれほどまでにドストエフスキーの書簡集を好むのは、病気と金のことしか問題にされていないからである。この二つだけが〈熱烈な〉主題であって、その余は、すべてぴらぴらのお飾りであり、雑物の山でしかない。

（『生誕の災厄』260頁）

この点、シオラン自身は金のことはあまり問題にしていないため、ドストエフスキーより格落ちである（若い頃はとても貧乏だったけれども）。だが病気についての記述は、彼の日々の思考を書きとめた『カイエ』に溢れている。ページを少しめくっているだけで、すぐに次のような嘆きの文章にぶつかる。

胃、ひどく悪い腸。もうほとんど何も消化できない。野菜の次は水——あるいは死、これが私に残された唯一の選択肢だ。（『カイエ』275頁）

私が苦しんでいる、この慢性疾患、いや、慢性疾患のひとつは、鼻の粘膜の萎縮をともなう管性カタルだ。〔中略〕耳を塞がれ、鼻窩がうっ血し、私は毎日、半ば白痴のような状態に陥る。（『カイエ』198頁）

病に対してどう闘えばいいのか。物質に戦いを宣するようなものではないか。私の肉体は私のものではなく、まさに物質のものだ。（『カイエ』275頁）

十一月二四日。おぞましい夜。明け方の四時まで眠れない。昔からの両脚の痛み、三〇年来、苦しみ続けている、あの不思議なむずかゆさ、これが毎日、ほとんどひっきりなしに襲ってくる。もうんざりだ。

（『カイエ』528-529頁）

自殺の章でも触れたことだが、こんなに病気に苦しめられたのも、彼が生きていたからだ。彼が若年のころ自殺していたら、こんなにも病で苦しめられることはなかったろう。モンテーニュは、老衰で死ぬとはもっとも不自然な死に方であると言っているが、シオランも不自然な死に方はしなかった。もっとも、この場合自然であるとは、病気で苦しんで死ぬということなのだが。

本章ではシオランの病気についての考えを見ていくが、それは同時に苦しみについての考え方を見ることでもある。シオランにとって病気と苦しみは切り離せない。苦しみがない病気はそもそも病気ではないとも言えるだろう。実際には痛みや苦しみがあらわれない病気もあるが、シオランにとって問題なのは病気が心身の不調をもたらすことであり、それによって苦しみをもたらすことなのだ。幸福そのものだったという幼年時代を除けば、シオラン自身が一生病気で苦しんだ人だった。彼の思想は苦しみ――それも病気による肉体的苦痛によって彫琢されたと言っていい。

私のような健康状態では、長生きできるとはとても考えられない。一七歳のときからずっと病気が絶えない。いままでの私の全生涯は苦しみにほかならず、苦しみについての考察にほかならなかった。このリュウマチ、座骨神経に、そしていままではあらゆる神経に絶えず感じられる、このむずがゆさ、季節の変わり目に覚える苦痛、わけの分からぬ呪いに見舞われた蛇のように、ベッドでちぢこまって過ごす夜——私の渇望、癒しがたい渇望にもかかわらず、もううんざりと思うこともある。

（『カイエ』424頁）

病気と同じように苦しみをまねき、そして人生において病気と同じくらい本質的なのが、挫折だ。失敗と言ってもいい。私たちは人生においてさまざまな失敗をし、さまざまな挫折を味わう。もちろん成功することもあるが、ずっと成功が続くというわけにはいかない。必ずといっていいほど私たちは挫折を体験することになる。そしてなかには挫折ばかり味わい続ける人もいる。その挫折のもたらす苦しみ、挫折続きの人生をシオランがどのように考えているのかも、あわせて見ていきたい。

要するに人生とは病気と苦しみと挫折の連続ということだ。こんな苦汁をなめ続けた人間が気難しくならないほうが驚きではないだろうか。だからそんな人間は一筋縄ではいかない厄介者ばかりだ。そういう厄介者の厄介さも、本章であらためてわかることだろう。
本章の内容を一言で表わせばこうだ。

苦しみにはただひとつの目的、ただひとつの意味しかない。つまり、目を見開かせ、精神を覚醒させ、認識を深めること。

（『カイエ』967頁）

病気は実在する

シオランにとって、人生は病気に満ちており、病気はもっとも実在性を感じられるもののひとつだ。

病気はある。病気ほどの実在性を持つものは他にあるまい。もし病気を不正と観ずるのなら、あえて存在そのものを不正と見なければならず、最終的には存在することの不正について語らなければなるまい。

（『生誕の災厄』245－246頁）

> 病は、ある巨大な現実、生の本質的属性だ——生きとし生けるすべてのもののみならず、存在するすべてのものが病に晒されている。石でさえ病をまぬかれない。
>
> （『カイエ』534頁）

一度も病気にかかったことがないという人はいるだろうか。いるとしたら、その人は祝福されているのか、あるいは健康であるという呪いにかかっているのか、どちらかだろう。そんな特別な存在ではない私たちはいろいろな病気にかかる。そもそも病気を持ったまま生まれてくることもざらだ。

そうやって私たちは病気に苦しむのだが、私たちが病気に苦しんでいるときに痛感するのは、病気の「実在性」だ。病気の苦しみに喘いでいるとき、病気が存在しないとはとても言えたものではない。胃が食べ物をまったく受け付けず、たえず吐いてしまうようなとき、お腹を壊して、下痢が続いてしまうようなとき、私たちは病気の存在を確信して、全力で病気を厄介払いしたいと願う。眼病、歯の痛み、そして心臓の不調などに悩まされているのに、どうしてそんな病気が存在しないと言えるのだろうか。

病気は実在し、そして、人は病気にかかることによって器官の存在をはじめて強く意識する。私たちに胃があることは、日常的に知識として知ってはいる。しかし私たちが胃を持っていることを強く意識することはない。胃や消化器官が順調なかぎり、私たちは胃があたかも存在しないかのように食べ、これはおいしい、それはまずいなどと思うだけだ。

それに対して胃が不調になったとき、私たちは胃の存在を強く意識する。おかしな話だが、私たちには胃があったと気づく。知識でしかなかったものがこの上なく実感できるものになる。そのとき私たちは不調になった器官にほとんど支配されるがままになる。そして器官と同様に、私たちが私たちの存在を意識するのも、つまり自分が存在していることを意識するのも、病気になったときだ。だからシオランは次のように言う。

> 健康である限り、人は存在しない。もっと正確に言えば、自分が存在していることを知らない。
>
> （『時間への失墜』108頁）

人が健康でいるあいだは、人は健康を意識せず、それを享受する。それは幸福な状態なのだが、私たちはたいてい自分が幸福であることを知らない。健康が失われたときはじめて、私たちは自分が幸福であったことを知る。

しかしそれはある意味では幻影でもある。シオランが健康の「空虚さ」を語るのはこのときだ。自分が存在していることを知らないような状態で、果たして本当に生きていると言えるだろうか。

このような状態のことを、シオランはトルストイの言葉を引いて「生に酔って」(『時間への失墜』128頁)いると述べている。だから私たちは病気によって酔いから覚醒するのだと言えるだろう。私たちの人生は、病気によって初めて始まる。実際に人生は病気に満ちており、そして大抵の人生は病気によって終わるのだから、機会には事欠かない。病気のおかげで私たちは自分が生きていることを実感する。そして意識されるその苦痛に満ちた人生は、不幸な人生以外ではありえない。

こんなことなら、酔っぱらっていたほうがよほどいいではないか？　だから病人が望むのは、自分を意識しないこと、自分を忘れることである。私が病気によって苦しんでいることを、そして病気そのものも、すべて忘れ去ってしまいたい！　もはや痛みを感じるそのつどに、自分自身に引き戻されることなど、もうたくさんだ。シオランは苦しみと絶望のさなかで次のように言っている。

私のあとに続くすべての人のためにここに断言しておくが、この世に私の信じうるものなど何ひとつないし、救いは忘却のなかにあるものと思っている。できることなら、私は一切のものを、おのれ自身をも全世界をも忘れてしまいたい。

（『絶望のきわみで』82－83頁）

しかし、私たちは忘れたいのに忘れられない運命にある。忘れようとしても、痛みと苦しみが私たちを現実へと連れ戻す。病気だけではなく、病気と病気の自分を忘れられないこと自体にも私たちは苦しんでいる。このことを確認すればするほど、病気の実在性はきわだつ。

苦悩は実在する

病気がこんなにも実在性を帯びるのは、それが苦しみを、この上なく具体的な肉体的苦痛をもたらすからだ。病気の苦しみこそが、私たちに器官を意識させ、私たちが健康と幸福を失ったことを、そして今自分が生きており、不幸であることを知らせる。この意味で、苦しみ——苦悩はなによりも実在するものだ。

非現実的な苦悩などというものはない。たとえ世界が存在しなくとも、苦悩は存在するだろう。

（『時間への失墜』112頁）

病気の事例と同様に、人が苦しんでいるとき、その苦しみが存在しないなどとはとても言えない。苦しみは残酷なほど私たちを摑んで離さず、苦しみのことを忘れさせまいとする。まさに今苦しんでいる私たちが、その苦しみを忘れ去ることなどできはしない。

苦しみは私たちを自分自身に引き戻すと同時に、ある意味であらゆる事物から私たちを引き離すことになる。これは矛盾でもなんでもない。「覚醒」とは、夢、混乱、酩酊等々から離れることによって、意識を取り戻し、その限りでの自分を取り戻すことだ。ただ、自分を取り戻すことはつねにいいことだとは限らない。覚醒したことを恨めしく思うこともある。とてもいい夢から醒めたことを悔やむように。

シオランは苦しみとは「距離の産出者」であると言っている（『時間への失墜』114頁）。病気にかかっていないとき、苦しみが存在しないとき、私たちは私たちの身体および器官と一体となっている。私たちは周りの事物や世界にもなんの障害も感じず、事物や世界との連続性のなかに生きている。苦しみがこの連続性に亀裂を入れる。シオランが苦しみは私たちの存在の「原因」であるというのはこの意味においてだ。ひとたび亀裂が入れば、私たちは「意識」を持つようになる。「精神と世界の乖離」がそこで起こる。

シオランは、苦悩はすべての生き物を例外なく苦しめるために、意識は人間に固有のものではないと述べている。それはたしかにそのとおりだろう。しかし意識という点では、人間は他の動物よりも少しばかり鋭敏なものを持っていると言っても、さほど間違いにはならないと思う。だからこそシオランも次のように書いている。


動物にとって、生は一切だ。人間にとって、それはひとつの疑問符、決定的な疑問符だ。

（『絶望のきわみで』166頁）


動物にとっては一切である生が、人間にとっては疑問符となる。人間が自分の人生に疑問を抱くのは、人間がいささか例外的な意識を持つことによって、自分の人生から距離を取るから起こることだ。自分の人生に意味があるのかどうかを考える、というのはその典型例のひとつだ。

以上のことは、シオランが旧約聖書の「創世記」の物語に執着するのと軌を一にしている。アダムとイブは蛇にそそのかされ、神の命に背いて知恵の木の実を食べ、知識と自己意識を得、楽園から追放された。そこから人間の苦難の歴史が始まる。追放された人間は、生きるのに労働を必要とするようになり、それによりなんとか生きのびても、やがては病気にかかり苦しんで死ぬ。病気にかからなくても、老いて苦しんで死ぬ。何よりもきわめつきの不幸は、人間はこれらすべてを意識しつつ生きなければならないということだ。

これまでの自分の考えのすべては「苦悩」に捧げられてきた、と38歳のシオランは語る（『崩壊概論』47頁）。70歳を過ぎてもまだ、私たちを「操り人形の境涯」から解放するのは「苦痛だけだ」（『告白と呪詛』122頁）と語るように、苦しみについての思考は絶え間なく続いた。苦しみはシオランにとって考えないことができないものであったと言える。実際に彼は病気に苦しんで生きたのだから、当然と言えるだろう。

挫折した人間

病気、苦しみと同じく、人生は失敗と挫折に満ちている。挫折については、憎悪と衰弱の章でも軽く触れたので、少し思い出してほしい。挫折＝敗北の反対は成功＝勝利だが、この地獄のような世界で成功するには、憎悪や悪徳を有効活用することが必要だと述べておいた。

そのような状況にうんざりすると、人は敗北のほうに目を向けるようになる。敗北の何が悪いというのだろうかと。これはいわば自分から敗北のほうへと向かっていくことだ。だが、わざわざ私たちのほうから迎えに行かなくても、人生において敗北は簡単に私たちをとらえる。敗北はいつでも私たちを襲撃できるように待ち構えている。

敗北と失敗と挫折は、まったく同じ意味ではないが、同じ方向を指している言葉だ。私たちは他人との競争に敗北し、願望の達成の道のりで挫折する。なにも敗北は他人との競争のみに起こるものではない。自分自身の立てた企図において敗北することもままある。そしてついには人生そのものを仕損じてしまう。

実際、私たちはあらゆるところで敗北に襲われ、挫折する機会に恵まれている。私たちはだいたい今のところ、両親を通して、ある環境——大抵は家庭——に生まれてくる。その環境がどんなものかによって、この時点でもう取り返しのつかないほどの差異が生じる。裕福と貧乏、円満と不和。そもそも片方の親しかいない人もいるし、どちらの親もいない人もいる。念のために述べるが、親がいなければもうその時点で失敗の人生であるとか、貧乏な家庭に生まれたら必ず敗北する、などと言いたいわけではまったくない。ただ私たちが生まれてくる場所が、どれだけ壊れやすく、また脆いものなのかを強調したいだけだ。

人生は簡単に壊れてしまうのだから。ボタンのかけ違いで調和はいとも簡単に不調和に変わる。

家族だろうと友人関係だろうと、試験だろうと仕事だろうと、私たちの希望と現実が乖離してしまうことはざらだ。敗者――挫折した者はそのとき生まれる。

繰り返すが、敗者とは他人との競争に敗北した人のことだけを言うわけではない。自己実現できなかった人、人生に違和感をおぼえている人、なんとなく生きづらさを抱えている人、確固たる歩みで人生を送ることができない人も、シオランの言う敗者に含まれる。他人でも、競争でも、学校でも、家庭でも、会社でもなんでも、とにかく人生のあらゆることに押しつぶされてしまったのだ。

シオランと敗者は切っても切り離せない。彼の著作を読んで共感するという手紙を彼に書くのは、決まって敗者たちだった。

考えてみれば、尋常な人生を尋常に生きているような未知の人からはただの一通の手紙ももらったことがない。もちろん、私の書いたものから何かを受け取り、私に親近感を覚えると言って、熱烈な手紙をよこす人はいる。彼らは人生の敗残者、落伍者、病人、苦しみ悩み、無邪気になどなれぬ不幸な人たちであり、口に出してはいえぬありとあらゆる病弱・不具に打ちのめされ、苛まれ、この世のあらゆる試験に落第し、昔なじみの不安を、あるいは新たに降って湧いた不安をひきずっている。

（『カイエ』636頁）

私の本に興味をもっているような人がいると、そういう人は、自分の内部で何かが壊れてしまって〈にっちもさっちもゆかなくなり〉、人生を〈切り抜けて〉ゆくことのできない人だ、ということが私にはすぐ分かる。私に惹かれるのは敗北者だけだ。

（『カイエ』962頁）

「敗北者」の「守護聖人」。

敗北の礼賛

実際、シオランはいつも勝者よりも敗者のほうを好んできた。「人はみな成功が好きなのだから、釣り合いへの考慮にすぎないにしても、敗北を好む人間がいなければならない」（『カイエ』51頁）。勝者よりも敗者のほうが興味深いと彼は言う。

私がほんとうに興味を抱いたのは、後にも先にも敗北にだけだった。たぶんそれは、私たちが心底、理解し合えるのが敗北者にかぎられるからだ。あらゆる勝利は、それがどんな種類のものでも、精神の混濁を、つまり自分という人間の忘却をもたらす。

（『カイエ』967頁）

勝利と成功によって人は舞い上がり、自分がなんたるかを忘れてしまう。自分をひとかどの者だと思いこみ、自分について幻想を膨らませる。成功者のうぬぼれにシオランはたびたび批判の矛先を向けている。成功ほど人をだめにするものはない。

成功以外に、人間を完全に駄目にしてしまうものはない。〈名声〉は、人間に降りかかる最悪の呪詛である。

（『カイエ』34頁）

この意味では、成功や勝利はむしろ脅威である。才能からだろうが、運の良さからだろうが、成功を収めてしまうと、人は自分は有能だ、勝者だと思い上がり、自分について薔薇色の考えばかりを抱くようになる。失敗はつねに人を待ち構えているというのに。そういう人は、いざ失敗が襲った後も、つねに過去の成功に固執して、より惨めになっていくだろう。この点、絶望に基盤があるのに対し、希望に基盤がないのと対応している。

絶望に陥って癪にさわることは絶望の基盤がびくともしないことだ。絶望の明証性、その〈実証性〉だ。絶望はまさに実録なのである。その反対に、希望を検討したまえ。希望と虚構のなかの気前よさ、バラ色の寓話を作りたがる癖であり、実際に起っていることがらの否認であり、錯誤と架空の話にすぎぬ。しかも人生が存在の本拠をおくのはこの錯誤の中であり、また人生が命の糧とするものはこの架空の話なのである。

（『苦渋の三段論法』79頁）

それに対して、敗北の絶望は、私たちにショックを与え、私たちを現実に直面させるが、何よりショックなのは、いったんは成功した勝者が敗者に変わるときである。敗北は勝利の希望がもたらした酩酊から覚醒させる。成功が人に幻想を与えるのに対して、挫折は私たちに自らの卑小さを突き付ける。

挫折は私たちに何をもたらすか。自分自身についてのはるかに正確な見方だ。

（『カイエ』562頁）

勝利のベールをはがされた後の自分の姿を、承認するか否認するかは別としても。ただ、失敗続きの者にとっても敗北はショックなのは変わりはない。回数を重ねるごとに重くなっていきさえもするだろう。失敗するたびに、私たちの内部でなにかが失われ、損なわれていく。敗北はわれわれの深部に響く。私たちは敗北とともに生きていかざるをえない。だから、人生においては敗北のほうが重要である。言い換えれば、敗北は嘘臭くない。

総じて、勝利は、多かれ少なかれ嘘臭いものである。勝利は、私たちの表層にしか触れない。だが、敗北は、どんなささやかなものであっても、私たちの、いちばん深いところにまで根を下ろし、そこで、忘れ去られないよう、じっと眼を凝らしている。だから私たちは、何はともあれ、敗北に伴侶となってもらうことだけは期待していい。

（『告白と呪詛』２３３－２３４頁）

敗北や挫折は、私たちの深部に触れるがゆえに、私たちに内省や後悔を強いて、私たちの内面性を豊か﹅にする。成功者が薄っぺらな人格しか持たないのに対し、敗者は否応なく複雑な人格を持たざるをえない。これは後述するように、他方では敗者が厄介者であり、成功者が快活である理由にもなる。だが接していて興味深いのは、敗者のほうだ。

私たちの〈魂の水準〉は、私たちの挫折に比例している。内面性とは、必ず〈生〉での挫折の謂《いい》だ。

（『カイエ』828頁）

私の人生経験はかなり長いものだが、その経験を踏まえていえば、私がもっとも興味深い人間の典型に出会ったのは、自己実現を果たさなかったといわれている人々においてであり、それにひきかえ、普通の人間からすれば、成功者と目されている連中は、まったく取るに足りない人間にすぎなかった。

（『カイエ』469頁）

そして敗北や挫折は単に興味深いだけではなく、敗北や挫折においてはじめて、私たちはひとりの人間と理解し、連帯する可能性が生まれる。それはこの世界に「不適応」な者同士の理解と連帯になるだろう。もちろん、後述するように敗者は気難しいので、そう簡単にいくわけではない。だがそもそも敗者は勝者と「連帯」することなど不可能なのだから、敗者の挫折におけるそれは、唯一の可能性となることだろう。

死と敗北

敗北のほうが重要なのは、他にも理由がある。それは勝者も敗北とは無縁ではないからだ。敗北はいつでも私たちを待ち構えているのだが、私たちの人生の終わりには、死という最大で最後の挫折が待ち受けている。

だが、死は純然たる敗北であるとは限らない。たとえば、自殺者にとって、自殺は勝利であり同時に敗北だ。自殺という企図に成功し、自分で自分の人生に決着を付けることができた、という意味では勝利だ。自殺した人たちは、自殺者としては成功した人たちだ。世にも見事な自殺者というのは存在するものだ。だが、他方では、自殺に追いこまれたという意味では敗北だ。それが環境のせいであれ、そもそも生まれてきてしまったせいであれ。

死は敗者よりも勝者にとって痛手となる。死は敗者にとっては歓喜でさえありうる。なぜなら、まさしく死によって、この世界から決定的に去ることができるからだ。

もし死が否定的側面しか持たぬとしたら、死ぬことは実行不能の行為となるであろう。

(『生誕の災厄』14頁)

だから、死には肯定的側面があるということだ。敗者にとって死は解放だ。どれだけの失敗を、苦痛をこの世で経験したことだろう！　敗者にとって、もう生きなくていい、もういい、というのは救済とすらなりうる。反対に、あらゆるものを勝ち取ってきた勝者にとって、自分のしてきたことがすべて無に帰すとは、なんという痛手だろう。

死は、失敗の好みを持ち、天分を持つような人間の庇護者である。成功を収めなかった者、成功への執念を燃やさなかったすべての者にとっては、一個の褒章である。……死はその種の人間のほうに理ありとする。死は彼らの勝利なのだ。逆に死は、成功のために骨身を削り、ついに成功を収めた人間たちにとって、なんという残酷な否認、なんという痛烈な平手打ちであることか！

（『生誕の災厄』２５８頁）

もちろん、敗者だって死を恐怖することは当然ありうるし、最後の最後まで保ち続けていたひとかけらのものでさえも死によって奪われ、そしていかに苦痛に満ちているとはいえ、未来も奪われるのだから、敗者にとっても死は敗北だ。勝者だろうと敗者だろうと、死という最大で最後の敗北は、全員を待ち構えている。
だが、一般的に言って、敗者よりも勝者にとって、死は脅威であることは間違いない。だから金持ちや権力者はあれほど長命や不老不死に固執するのだろう。

敗者の厄介さ、苦しみの思い上がり

このように敗北を讃えるシオランだが、敗者の厄介なところも彼は決して見逃さなかった。彼自身が敗者なのだから、自分自身を観察すれば、敗者というものがいかに迷惑な存在かは簡単に分かることだったのだろう。苦しみにしても同様だ。本章冒頭で触れたとおり、彼はさまざまな病気に苦しんでいた。だから彼が敗者、病者、苦しんでいる者を厄介者として描くとすれば、それはほとんど自分自身を描いていると言ってもいい。

敗者の人格のところでも触れたが、敗者はさまざまな挫折を経験するために、人格が複雑にならざるをえない。失敗によって深く傷を刻まれ、空虚を抱えこまされては、当然そうなる。敗者はいわゆる「こじらせた」人だ。程度は異なるだろうが、こじらせた人はたいてい面倒くさい人が多いものだ。まず傷つきやすい。自己憐憫に溢れている。周囲に怨恨を抱えがちだ。そのくせ諦めがはやい。

世の人々に理解されていないという確信、この確信のなかには自尊心もあれば屈辱感もある。どんな挫折にもつきものの曖昧な性質が生まれるゆえんはここにある。一方で挫折を鼻にかけるかと思えば、その一方では自分を苦しめる。敗北というものはどれもこれも、なんと不純なものか！

（『悪しき造物主』156－157頁）

シオランは成功者の傲慢とうぬぼれを糾弾するのがつねだが、時には厄介な敗者にうんざりして、次のように言うこともある。

真価を認められぬ不遇の者、これほど煩わしい者を私は知らない。こういう者は、すべてを自分を中心にして考える。せせら笑ってはいても、彼がつねに自画自賛していることが分かるし、その自画自賛たるや、他人からはもらえぬ称賛を補ってあまりあるものだ。これに比べれば、成功した連中、噂よりずっと謙虚な連中は、確かにきわめて稀とはいえ、はつらつとしている。すくなくとも、こういう連中は、年がら年中こぼしてはいないし、そのうぬぼれぶりに接すると、私たちは敗者の傲慢など忘れてしまう。

（『カイエ』577頁）

人はどうにかして自分を特別な存在と思いたいので、挫折でさえ自分が特別であることの証拠にし、挫折したというさかさまのエリート意識を持つ。他人に賞賛してもらえないのなら、自分で賞賛するしかない。そこでは他人の賞賛が軽蔑となり、軽蔑が逆に賞賛となる。あんな馬鹿どもに「理解」されなかったとは、なんとも運がいいことだ！　私を無視するならそれでも結構、こっちこそ願い下げだ、あんな奴らに賞賛されてしまっては、それこそ不名誉だ——というわけだ。ちなみに、個人的には、この姿は無名という「栄光」に苦しむシオランその人という気がしてならないのだが……。

同様に、苦しみも人に誇りの感覚を与え、人を思い上がらせる。「私はこんなに苦しんだ」ということが、一種の称号になるのだ。自分はこんなに苦しんだのだぞ、と他人に見せびらかし、苦しんだ者が偉い競争で勝とうとする。

これは日常でもよく観察されることだと思う。苦労自慢とか、病気自慢とか、多忙自慢とか、残業自慢とか、身の周りで同じことをやっている人はたくさんいる。ちょうど重大な手術をして生き延びた人のように。

何か苦難に堪えたことのある者は、みな、苦難に遭わずにすんだ者たちを、尊大に見下ろす。手術体験者たちの、あの我慢のならない思いあがり……

（『告白と呪詛』17頁）

人は自分の信念を絶対の真理とみなしたがるように、自分の不幸を絶対的なものだと考えたがる。たとえ、世の中には自分以外にも苦しんでいる人はたくさんいる、と頭ではわかっていたとしても、自分の苦しみを優先的に考えてしまう。それは無理のないことではある。誰だって苦しいのは嫌だし、一刻も早くそれから解放されたいと願うのは当然のことだ。

ただ、無理のないことだとしても、それでも他人より自分を優先させ、他人の苦しみより自分の苦しみを上位に置いていることは変わらない。

それに、世の中はそんな物わかりのいい人たちばかりではない。もっと露骨に自分の苦しみの絶対性を主張する人はたくさんいるだろう。ちょうどシオランが言う不幸な人々のように。

> 不幸な人々は幸せな人々よりも自分のことしか考えないから、もっとも利己的な連中である。念頭にあるのは自分の不幸のことだけで、それ以外のことは棄てて省みない。自分の不幸の荷が軽くならなければ、彼らは他人の不幸を想像し思いやることができない。雅量は、一般の考えとは異なり、苦しんでいる人々の特性ではない。苦しんだ経験のある人々の特性ということは時にはあるにしても、しかしそれとても、まったく確かではない。
>
> （『カイエ』505頁）

> 私たちが思い上がるのは、苦しんでいるときではない。苦しんだ経験があるときだ。試練を経験したからといって、謙虚が身につくわけではない。そして実をいえば、人はどんなことでも謙虚にはならない。
>
> （『カイエ』196頁）

ここでは矛盾したことが言われているように見えるが、必ずしも矛盾ではない。たしかに苦しんでいる最中の人は、自分の不幸を絶対的に考えがちで、他人の不幸を思いやることができない。しかしそれは利己的ではあっても「思い上がり（傲慢）」ではないだろう。あるいは思い上がりであっても、今苦しんでいる人の思い上がりと、苦しんだ経験があるが今苦しんではいない人の思い上がりとは、同じものではない。前者には現在の苦しみという根拠があるのに対して、後者にはそれがない。今生活に苦労している人のうらみつらみの話や、自分がいかに残業をして会社に貢献しているかの自慢話と、かつては苦労していたが、今はそうではない人の、若い頃の苦労の自慢話、どちらが我慢できるかといえば、圧倒的に前者ではないだろうか。

今回は苦しみと敗北とを結びつけて見てきたが、別にそれほど敗北してきていない人でも、苦しみによって思い上がる場合は多いということを強調しておこう。自分が苦しんだというだけで、人は他人の苦しみにも口を挟めると思いこむ。成功者でさえも自分の苦しみが軽んじられるのを許せない。誰も彼もが自分の苦しみを軽視するなと叫びたてる。

そういう時に黙っているのは、例外的な強さが必要だ。もちろん人間は弱いから、そんなことを当然のように要求することはできないのだが。人はそんなに強くはない。

自分の悩みや苦しみを、あるいはただの心配ごとだのを、だれか他の人に、友人にさえ語るのは、残酷なことだし、拷問者のする振る舞いだ。黙って苦しみに耐える、そういう態度を執るには、例外的な精神の強さをもっていなければならない。

（『カイエ』159頁）

怨恨のオデュッセイア

先ほど、敗者はさかさまのエリート意識を持つと述べたが、この点を詳しく見てみよう。敗者の厄介さは、ここで頂点に達するからだ。

敗者は、過酷な運命に打ちのめされて、挫折に次ぐ挫折、敗北に次ぐ敗北を経験する。その結果、ついにはちゃぶ台をひっくり返すことでしか勝ち目がなくなるまでに至る。正攻法では成功できないので、ゲームのルールを正反対に変えてしまう。つまり、敗北とは勝利であり、勝利とは敗北であると、価値をひっくり返してしまうのだ。

これはニーチェが『道徳の系譜』で論じたような、いわゆるルサンチマンの作用である。酸っぱいぶどうの喩えを知っている人は多いだろう。ぶどうを取ろうとしたが失敗した狐が、あのぶどうはもともと酸っぱかったのだ、と主張し始める話だ。この話の肝は、ぶどうを取れなかったという敗北を、実はぶどうを取らないことこそが勝利なのだと転換することにある。

より具体的に理解してもらうために、身を切る（？）例をひとつ挙げてみよう。この本を書いている私はもちろん、この本がそれ、な、り、に売れて成功してほしいと思っている（このそれなりのなんといやらしいことだろう)。ところが、本は全然売れない。あの本は失敗だったね、だめだよあんな本を書くなんて、一般書じゃなくてアカデミックなことをやらなきゃ、研究者としてのキャリアにとっても問題だよ、と周りから言われる。私は鬱々とする。

そして突然光が差しこむ。そうだ、むしろ成功しないでよかったのだ、あの本が売れに売れて、なんやかんやと持ち上げられて、自分を見失うよりは、全然売れなくて実はよかったのだ。人々に理解されるなんて屈辱を受けないで済んでよかった。シオランを理解して興味を持ってくれる人なんて少数派でいいのだ——等々。

この例では、出版物の失敗が成功に転倒されているが、際立っているのはこの転倒の防衛的性格だ。最初のそれなりからして弱々しく防衛的なのだが（あまりに売れるのはかえって恥ずかしいが、恥ずかしくない程度には売れてほしい——なんとも弱々しく、そしてそれなりに切実な欲望だ）、とりわけ売れなかったという痛みから自分を守るために転倒させているわけだ。

シオランのケース

何も自虐をするために自分の話を例にしたわけではない。実はシオランの状況は上の例とそっくりなのだ。

既に述べたように、彼も一人の敗者だった。彼はフランスで『崩壊概論』によって華々しくデビューしたけれども、次作の『苦渋の三段論法』はまったく話題にならず、本人曰く二千部を売るのに二十年かかった。彼の生涯の伴侶シモーヌ・ブエによれば、この失敗に彼は気落ちし、物を書くのをやめてしまう寸前まで行ったという。私たちにとって幸運なことに、その後も彼は細々と書き続け、四年に一度本を出すのだが、『崩壊概論』ほどの評価を得ることはできなかった。

この状況に彼はどう反応しただろうか。それは普通の人と変わらないものだ。まずは当然のように落ちこんだ。自分の本が認められないことに憤った。彼は自分がいつまでも『崩壊概論』の著者として紹介されるのに苛立ちをおぼえていた。その後に何冊もの本を書いているのにだ。そして、自分の失敗を逆に歓迎するようになる。彼の『カイエ』をひもとけば、いたるところにこの種の発言は見つかる。成功なんてしないで、本当によかった！

成功、賞賛、同意、またｄれの、よしんば孤独な人々からの喝采にしても、敗北としてこれ以上ゆゆしいものはないと、私は心の底から思っているし、人に認められる屈辱よりも深い屈辱を知らない。台座に祭り上げられるよりは下水渠の底にいるほうがましだ。（『カイエ』743頁）

ついいましがた、ある本屋のショーウインドーの前で、自分の文学上の……運命を考えて――どう言えばいいのか、憤怒の衝動にかられた。だが、もし自分が人に認められたら、いっそう怒り狂うだろうと考えて、すぐ冷静になった。（『カイエ』745頁）

しかし、当然の疑問が湧いてくるだろう。それならなぜ書くのかと。これは彼の一生で何度も向けられた疑問だ。この疑問に対しては彼も回答しているが、私の見解として、今のところは次のように言える。それは、書かなければ、失敗することはできない、というものだ。書くことによってのみ、作家となり、失敗した作家となることができる。もし書かなければ、書くことの欲望、栄光への欲望を克服したとして、賢者としてはより格上の存在になっただろうが、しかしその時、もうシオランは作家ではなくなってしまうのだ。彼は賢者になることに失敗したがゆえに、作家になることができた。これは実は本書の結論にも関わるので、第二部でも取り上げることになるだろう。

シオランは敗北を望む。だが彼は、同時に読まれることを切望してもいた。ここでひとつのエピソードを紹介しよう。彼はつねづね自分の本が文庫になることを希望していた。文庫になれば、より買いやすくなり、お金がない若者でも買えるようになる。彼は自分の本が若者に読まれることを望んでいた。

そんなわけで、彼は文庫化の要望を伝えるべく、版元のガリマール社を訪ねた。社長に面会すると、自分の本が全然読まれていないことを苦にしていると訴え、文庫化してくれるように頼んだ。すると社長は、ひとつの書類を取り出して、シオランに見せた。そこには彼の本の売上の数字が並んでいて、それは本当に笑ってしまうほど少ない数字だった。こんな数字では、文庫化するわけにはいかないと告げられ、シオランは顔面蒼白になりながら、むなしく自宅へと帰っていった。

シオランの弱さが垣間見えるエピソードだが、彼の生涯の伴侶シモーヌ・ブエは、彼の態度についてこう述べている。彼はずっと理解されることの屈辱、無名の栄光を語っていたが、他方では「傷ついてもいたと思います。人間ですから当然のことです」(ノルベール・ドディルとの対談)。そのとおりだろう。彼の失敗についての記述が、「世の中に認められないこと」に重きが置かれているのも、このような彼の実体験が元になっているのだろう。

もっとも、無名の重視や敗北の重視が、個人のルサンチマンからなる価値の転倒だ、と言うだけで済ますことができるわけではもちろんない。たとえば無名の重視は、シオランにとって人間の楽園からの追放の問題と結びついている。彼によれば、人間（アダムとイブ）は原初の自然の無名を嫌い、有名になるのを望むことによって楽園から地上に失墜した。自然界のなかでただ人間だけが「大物になる」ことを望み、名誉と承認を得ようとする。だから無名を求めることは、人間をやめようという試みのひとつだ。

しかし、無名を求めることによって大物になろう、無名さにおいて他と比べ卓越しようとするならば、なんにもならない。むしろこじらせ方としては悪化していると言えるだろう。ミイラ取りがなんとやら。それはシオランが次のように無名を求めることの危険を自ら言っているとおりだ。

> 自分が何ものでもないという確信は、油断すればたちまち自己満足に、傲慢に至らざるをえないからだ。自分の無価値を知り、これに長いことかまけていれば、かならずそれに官能的にしがみつくことになる。……幸福のはかなさを告発しようと躍起になること自体、一定量の幸福を含む。

同様に、栄光の侮蔑すべきゆえんを説いてまわる時、その説教者が栄光への欲望を知らぬなどとは、言えた義理ではないのであって、栄光のむなしさを宣言したとたんに、栄光に身も心も捧げつくすという始末になるのだ。まことに嫌悪すべき欲望だが、私たちの体質に固有の欲望なのだからいたしかたもない。この欲望を根絶しようとするなら、肉も魂も石と化さねばならず、無機物と好奇心の欠如ぶりを競わねばならず、さらには、他者を忘れ、私たちの意識から他者をたたき出さねばならない。なぜなら、他人が光り輝きつつ、満ちたりつつ存在するという事実だけでも、彼らを一掃せよ、彼らの光輝をふみにじって汝の埋没から脱出せよと命ずる、あの悪しき精霊をたやすく呼びさますことができるからである。

（『歴史とユートピア』104－105頁）

この、解脱への希求が解脱のさまたげになってしまうという困難な問題は、第二部で詳しく触れることにする。

栄光こそは一つの盗みである

上で取り上げた私自身の例について、妄想をたくましくして、もう少しだけ続けてみたい。同時期に、私と似た、同じような経歴で、同じような年齢の人が、同じような分野で本を出して、大成功したときを想像してみてほしい。なんという屈辱！　私の腸は煮えくり返る。その人のことを私は一生許せないだろう。私に直接何かをしたわけではないって？　いや、その人は私に恐るべき損害と恥辱を与えたのだから、万死に値する。本来私に当然与えられるべき栄光を、私から盗んでいったのだから。

思い出してもらいたいのだが、何かの点に秀でること、卓越することは、それだけで他人に対する侵害だ。卓越するというまさにそのことが、同じ目標を持つ他人を押しのける。普通のビジネス社会でもそうだし、能力や才能がものを言う世界、例えば芸術や文芸の世界ではもっとそうだ。これはコンテストで優勝したとか、教授のポストを得たとかいう、わかりやすく他人を押しのけること以上に、能力を発揮させているというだけでも、もうすでに他人に恥辱を与えているのだ。能力を発揮するという喜びも、それを他人に認められるという栄光も、能力を持たない人には禁じられているのだから。

他人を侵害しなければ、同じ狙いを持つ人間を犠牲にしなければ、栄光を得ることはできない。

（『歴史とユートピア』103頁）

先ほど、成功した人は私から栄光を盗んだと言った。これはおかしなことではない。成功にむかって努力し、栄光を自分に与えられて当然とみなしているとき、栄光はもうすでに私のものだ。それなのに私に与えられず、あの人が勝ち取ったのは、あの人が盗んだからにほかならない。

私が他人の成功をうらやみ、怨恨を抱くと、私は自分の失敗の罪を他人になすりつける。そうでもしなければ、自分が徹底的に無価値であることを思い知らされることになる。そんな苦しいことに直面できる人間がどれだけいるというのか。だからシオランは言う。

財産よりもむしろ、栄光こそは一つの盗みである。

（『歴史とユートピア』104頁）

あるいは、もし財産が盗みであるなら、能力も盗みでないなんてことが、どうしてありうるだろうか——これはシオランの主張とは少し外れるけれども。

敗者ほど怨恨を抱くあらゆる好機に恵まれている存在もない。怨恨とは、現実のものであれ、想像上のものであれ、自分に加えられた損害に対して復讐の念を抱くことだ。

怨恨を抱く者は、自分だけが苦しむことに我慢ならず、他人にも自分の苦しみを分け与えようとする。誰かに殴られたなど、これという相手が決まっているのならまだいいが、たとえば病気で苦しんでいるときなどには、特定の人間を恨むことは難しい。まさかウイルスを殴りつけるわけにもいかない。だから病人の場合、恨む対象は健康な人間全員ということになる。主語が大きいという言い回しがあるが、これは目的語が大きいと言うべきか。病人にとって、健康な人間は健康であるというだけで罪深い。やつらにも自分の苦痛が広まればいいのに！　まさに病人から健康が盗まれたのだ。

> 自分の責任を問い、自分の体質の弱さを責めればよいものを、私たちは自分の現状を他人のせいにし、取るにたらぬ病気について、ただの偏頭痛についても他人に責任をなすりつけ、健康者は健康の代償を払うべきだと主張し、健康者が思う存分動きまわり、走りまわれるのも、自分たちがベッドに釘づけされていればこそだと非難の声をあげる。私たちの苦痛が、不快が蔓延し、まわりの連中にとりつき、できることなら人類全体に拡がればよいと、どんなに胸を躍らせつつ私たちは希うことだろう！
>
> （『歴史とユートピア』112頁）

これは私には実感としてよくわかる。私は生まれたときから皮膚病を患っているが、皮膚がきれいな人間たちが憎たらしくてしかたない。夏に軽装で肌を露出している人たちが増えると、こいつら全員に私の皮膚病が移ればいいのにと思う。プールとかビーチとかは最悪の場所だから、皮膚病患者の大軍を送りつけてめちゃくちゃにしたいと思う。血がついてしまうから白い服が着られないのに、仕事で白いシャツの着用を求められたりすると、血まみれのシャツを見せびらかすことになるが、それでもいいのかと言いたい気分だ。

もちろんこれには皮膚のルッキズムや差別といった問題が関連しているのだが、別にそれらが解決しても、私の皮膚がかゆくなくなるわけではない。私のかゆみを人類全員に分け与えたいという気持ちは消えないだろう。

今、こいつはなんとも面倒くさい人間だなと思われたとしたら、それこそが敗者や病人の厄介さなのだ。病人や敗者は全然人畜無害ではない。いたるところに怨恨を募らせている人間がいる。だから苦しんだ者に用心せよ。

〔自分の苦痛が人類全体に拡がればいいという〕期待が裏切られると、私たちは身近の者だろうが無関係な人間だろうが、ひとしなみに恨み憎み、彼らに向けてみなごろしの呪いを育む。彼らのいのちが、自分たち病人よりもいっそう脅かされるようにと、生きとし生けるものの上に断末魔の鐘が、美しい絶滅の鐘が鳴りわたるようにと希う。〔中略〕病人たちには「気骨」があり、怨恨を開発し研ぎすますすべがある。

（『歴史とユートピア』112－113頁）

〔普通の病人は〕希望をふみにじられた、飽くことを知らぬ、予言者風のギャングであって、自己流の法を強制するために一切を覆滅したいと希っているのだから、ぜひ隔離してしまう必要がある。〔中略〕苦しんでいる人間は、公共の危険物であり、変質者である。

（『歴史とユートピア』113頁）

あまりに誇張が過ぎるだろうか？　むしろ逆に、私にはなぜみんなこうではないのかといぶかしく思われるほどだ。病気にかかったら、できるだけ多くの人間に病気を移してやりたいと思う。そういった反社会的な欲望は存在する。

それはそうとしても、たしかに病人や苦しんでいる者が、全員が全人類を滅ぼそうと思うわけではない。ただし、彼らが怨恨を抱きやすいというのは事実であり、空想の復讐で済ますか、現実で自分の怨恨を爆発させようとするかはともかく、彼らは自分の流儀で怨恨を彫琢しつつ生きているというのは、忘れてはならないと思う。そしてそれが生きるということなのだ。

苦しみの効用

苦しみの危険について触れてきたが、それでも苦しみの効用をポジティブに語ることはできる、というのが本章の結論だ。苦しんだ人間には、苦しんでない者がわからないものがわかる。病気になると、今まで認識しなかったものに目を開かされる。

健康、健常、正常、これはもやにかかったまま生きているのと同じことだ。シオランが「健康である限り、人は存在しない」とか、「苦しんだことのない者は存在ではない。せいぜいのところ個物だ」（『四つ裂きの刑』170頁）などと誇張するのも、この点を強調するためだ。

失敗を誇ることとさえ、生きるためには必要なことでもある。まさに私たちは自分を守り生きていくためにこのような転倒を行うのだ。それをいちいちあげつらうのは下品なことではないだろうか。「挫折の誇りがなければ、生はほとんど耐えられないだろう」（『カイエ』743頁）。私たちは失敗続きの生に耐えるために挫折を誇りに変える。「おれはまだ実力を出してないだけさ」とうそぶいて生きて、そのまま機会がないまま死ぬ。これもある種生きるための知恵だろう。

最低の落伍者にさえ、いやそういう者にこそ、「おれの出番はまだ来ない」と言う権利がある。実際に出番が来ようと来まいとどうでもいいのだ。

（『カイエ』786頁）

人生には敗北が付き物だ。あまりの敗北のショックで、自殺してしまうこともある。だが当面は自殺しないで生きていくならば、私たちは敗北とうまくやっていくしかない。そのためには敗北そのものを愛することだ、とシオランは言う。

敗北につぐ敗北を耐えてのける唯一の方策は、「敗北」をそのものとして愛することだ。そうなれば、もはや不意打ちを食らうこともない。私たちは生起するあらゆる事態よりも優位に立ち、おのが挫折を支配できる。無敵の被害者だ。

（『カイエ』992頁）

もちろん、これは容易なことではない。だが敗北を愛し、敗北に耐えたまま、ついに終えた人生は、ある種敗北に「勝利」した人生であると言えるのではないだろうか。たしかにこれは価値の転倒かもしれないが、価値の転倒によって人生が耐えうるものになるならば、それを非難できる根拠がどこにあるというのだろう。その資格がありそうなのはニーチェくらいだ。そしてニーチェの威を借りる者はニーチェではない。

苦しんだ者だけが見えるものがあり、敗者だけが知るものもある。もし勝利が目をくらますことであり、敗北が覚醒であるとしたら、認識の優位は敗北のほうにある。苦しみの効用と同じく、敗北の効用もここにある。

> 前進している軍隊には、敗北感はもちろん、敗北の予感すらない。人類はのろのろと前進し、やがては勝利にゆき着くものと信じているが、実際にどこへゆき着くのか、それが分かるのは、この行進に加わらなかった者だけであり、この行進の結末を見抜いているのも彼らだけだ。真実は、勝利の証明書に決して署名しない者、見捨てられた者にのみ明らかにされる。
> （『カイエ』641頁）

> 敗者たるすべを心得ること、ここに知恵のすべてがある。
> （『カイエ』653頁）

> 苦しみは、苦しまなければ見えないものに私たちの眼を開かせる〔中略〕。したがって、苦しみは認

識にのみ役立ち、この点を除けば、生の害にしかならない。ついでながら、これがまた認識に資するのだが。

（『カイエ』967頁）

最後に、上の引用文で「生の害にしかならない」と言っていることに注目して本章を終えたい。これは、もし可能ならば苦しみはなくてもよい、という立場の可能性を示唆する。苦しみは認識に役立つが、生きる上で害になる。さて、人間は苦しんででも認識を得るべきだろうか、それとも認識などしなくても、苦しまないで済むならそれでよい、とするべきだろうか。

実際のところ、シオランはどちらも主張したので、どちらか一方を彼の主張だと決めるのは難しい。ここで言えるのは、前者の立場が、人間の楽園からの失墜をある種肯定し（アダムとイブは知恵の木の実を食べて楽園を追放された）、後者はそんなものすべてないほうがよかった、むしろ人間など生まれないほうがよかった、とする立場を導く。苦しみの価値を認めるか、苦しみの無用を唱えるか。これが第二部を貫く対立軸となるだろう。

第二部 2

シオランの失敗と「再生」

――生まれないことと解脱

空の経験が欺瞞にしかすぎぬとしても、だれでもこの経験はやってみるだけの価値があるだろう。この経験が意図しているもの、試みようとしているものは、生と死とを一個の些末事に還元することであり、しかもその唯一の目的は、生と死とを私たちにとって耐えやすいものにすることなのだ。

（『悪しき造物主』131頁）

これまでの第一部では、私の解釈交じりだが、主にシオランの思想をいくつかのトピックにわたって紹介してきた。この第二部では、彼がいったいどんな思想家なのかを、総合的に論じたうえで、本書の一応の結論を述べてみたいと思う。その過程では、シオランに対して批判的なことを言うこともあるだろう。言うなれば、第一部は「紹介編」であり、第二部は「批判編」となる。だから、第二部はこれまで以上に私の解釈が入ることになる。

それでは、本書の結論として、シオランはどんな思想家であるかと言いたいと言えば——シオランは失敗した、挫折した、中途半端な思想家であり、ペシミストである。彼の失敗と、彼のペシミズムとは、偶然のものではなく、密接な関連がある。そして、失敗した思想家だからこそ、彼は素晴らしい——私が言いたいのはこのようなことだ。願わくは、彼の挫折および彼の素晴らしさを十分に際立たせて、本書を終えたいと思う。

では、彼が中途半端かつ挫折した思想家だと主張するなら、彼はどの点でそうなのかを述べる必要がある。まず、彼は自分の思想の実践において挫折した。強い言葉を使えば、彼は自分の思想を裏切った。これがひとつめの挫折だ。しかし、これはそれほど重い欠点ではないと思う人もいるかもしれない。たしかに、「人類は絶滅するべきである」という思想を実現できなかったからといって、彼を強く批判できるかというと、ちょっと疑問だ。

たとえシオランを論じるにあたって、見過ごすことができないものであり、強調する価値があるとしても。

人類はいまや絶滅しようとしている。これが、こんにちまで私の抱いてきた確信だ。ちかごろになって、私は考えを変えた。人類は絶滅すべきである。

（『告白と呪詛』190頁）

最初に触れた挫折が、思想と思想の実践との間にあるとしたら、もうひとつの挫折は、彼の思想それ自体にある。これは思想家としては、思想の実践の失敗よりも重大だ。では、彼の思想のどこに挫折が刻まれているのかといえば、それは彼の「解脱」の思想にある。彼はこの解脱を、現世や人生のあらゆる悪に効くものだと考えている。それは彼が提示する（生まれないということを除けば）唯一と言っていいオルタナティブであり、もっと言えば「救い」に至ることが可能な道だが、この解脱にはあらゆる困難が待ちかまえている。
そして同時に、急いで付け加えなければならないが、彼は自分自身で「解脱」の有効性を否定する。つまり、自分で自分の主張を否定する。だから、彼は「解脱」の思想を主張しつつ、同時に否定していることになる。これが彼の挫折であり、そしてこの矛盾と挫折があるからこそ、彼は素晴らしいペシミズムの思想家だということを最終的に示したい。

上記のふたつの挫折はともに、彼の「解脱」の思想に表れている。だから、以下ではまず、第一部の紹介編で触れたトピックから解脱の思想へ至る道を描いたうえで、どのようにしてこれらの挫折が生じてくるのかを見ていきたい。同時に、実は彼が「救い」とみなすものは「解脱」のみではなく、さきほど付け加えたように、「非-生誕」すなわち「生まれないこと」でもあることにも触れるだろう。そしてその「生まれないこと」も、同じく挫折を運命づけられることも。

人生へのうんざりと覚醒

さて、第一部では五つのテーマにわたってシオランの思想を見てきたが、すべてのテーマに共通するモチーフがあることに気づいた人もいると思う。それは生きることにうんざりだ、あるいはもう生きたくないというものだ。怠惰や疲労はその端的な表明だし、悪徳がものを言う憎悪が渦巻く世界に生きることも、歴史上の政治権力の闘争劇からも脱出したいという願いも見てきた（それが衰弱と呼ばれた）。たとえ認識を深めることができるとしても、病気と挫折と苦しみに満ちた人生を生きるのはやはりうんざりだ。そして最後には自殺。
実は、第一部にはもうひとつモチーフがある。それは「覚醒」だ。怠惰と疲労の章では、怠惰は酩酊よりはむしろ覚醒の作用を持つと述べた。病気と敗北の章でも、病気や苦しみや挫折は、なんの問題もない人生のまどろみから、「人生の酔い」から、人を半ば強制的に醒まさせるものだった。そして自殺の決意も、そのような効果をもたらすかもしれない。自殺の決意によって、その後の人生が余生となったならば、その余生はそれ以前の人生とはやはり違うものであるだろう。シオランは「覚醒」のことを「脱幻惑」とも言っている。それは文字どおり幻惑から醒めることだ。

人生へのうんざりと覚醒、このふたつは、ひとまずは同じ側にいて、それぞれがそれぞれを強めるという関係を持っている。人生にうんざりしているから、人生から降りようとして、その結果として覚醒する。あるいは幻惑から醒める。また逆に、醒めれば醒めるほど、ますます人生からはじきだされる格好になる。

だが、このふたつはずっと手を取り合って進むというわけではない。実は人生への厭悪と覚醒は、最後には対立する運命にある。つまり、覚醒のためには人生への厭悪を切り捨てなければならず、反対にどこまでも人生を呪詛するためには、覚醒を諦めなければならないときが来る。

　先ほど、シオランは失敗した、挫折した、中途半端な思想家であり、ペシミストであると、そして、彼の挫折は解脱の教説にあると述べた。人生への厭悪とは、ペシミズムとも言い換えられる。そして、解脱は覚醒の延長線上にある。だからこの対立は、ペシミズムか解脱か、人生か人生からの救済か、という風に表すことができる。最終的に、シオランはひとつのほうを選ばざるをえなくなるだろうが、そこに彼の失敗と中途半端さがあらわになり、最終的に彼はひとりのペシミストとして、私たちの前にあらわれることになる。

生を厭うペシミズム

「ペシミズム」という言葉は第一部でもたびたび顔を出してきたが、第二部でも重要なキーワードとなる言葉だ。最終的に本書の結論にも関係してくるので、ペシミズムについてもう一度概略を述べよう。

　そもそも、「ペシミズム」とはいったいなんだろうか。「ペシミズム（pessimism）」とは、ラテン語の「pessimus（「もっとも悪い」の意味）」という単語から派生した言葉で、この世界を最悪なものであるとみなす考え方、およびその結果として、生きることを嫌悪する考え方のことの両方を指す。すでに触れたとおり、これが、ペシミズムという言葉が日本語で「悲観主義」や「厭世主義」と訳されるゆえんだ。世界や人生を暗い相のもとに把握すること、そしてそれらを厭《いと》うこと。このふたつがペシミズムの核となっている。世界や人生を「暗い相のもとに把握する」とは、世界や人生を病気、苦しみ、失敗、挫折、疲労、不安、不満、不幸、絶望、暴力、恐怖、そして死等々に満ち溢れているものであるとみなすことだ。そして、人生はそれらに満ちているという事実を単に確認するのみならず、人生は端的に苦しみそのものであり、切り離すことができないと考えることに、ペシミズムの特徴がある。

この考え方は、第一部において見たシオランの思想にそっくりあてはまる。さしあたっては、何よりも人生を嫌悪する、厭う、うんざりするというのが重要だ。他方で、人生を苦しみに満ちているとみなすという前提を共有しつつも、だからこそ人生に生きる価値はある、とポジティブに考えることもできる。そうではなく、人生に生きる価値はない、人生から解放されたい、この世のすべてから解放されたい、という方向に進むのが、本書で言うペシミズムだ。

ペシミズムは生を厭う。それでは、ペシミズムは死を望むのだろうか？　ことはそう簡単ではない。まずは、シオランの思想における死について、ひいてはシオランのペシミズムと死との関連について述べることから始めよう。

死は生に内在している

自殺の章において、何がなんでも自殺を推奨するわけではなかったことからもわかるとおり、生きることにうんざりしているというのは、死にたいというのと同じではない。もちろん、このふたつは関連しているし、このふたつを同時に抱くことは珍しいことではない。死は生からの解放という側面もあるのはすでに見たとおりだ。しかし、これも自殺の章で見たように、死、とりわけ自殺によって否応なく生は完成してしまうというのもまた確かなことだ。どこまでもいっても自殺はドラマティックで、生き生きしている。その証拠に、ドラマだろうと小説だろうと、観客は自殺のシーンを楽しむし、自殺者の心情を覗きたがる。この意味では、死は人生の外側であるとともに、内側にも属している。

これは実は当たり前のことだ。だって、そもそも生きていないと、死ぬことはできないからだ。死ぬためには生きている必要がある。もっと言えば生まれる必要がある。死ぬことが、存在する状態から、存在しない状態への移行だとしたら、一度も生まれなかった人は、決して死ぬことがない。だとすると、死は生に内在していると言える。シオランにとって、生における死の内在は当然のことだった。それはデビュー作『絶望のきわみで』において、繰り返し語られている。

死は生に内在するものであるから、生はほぼその総体において断末魔と化する。

（『絶望のきわみで』31頁）

死の感覚は、生がその深部において衝撃をこうむったときはじめて姿をあらわすが、この事実をもってすれば、死が生に内在するものであることは火をみるよりも明らかだ。

（『絶望のきわみで』40頁）

問題なのは、真剣に生きている人間と、そうでない人間は、死の意識で区分されることだ。

健康な人間には断末魔の経験もなければ、死の感覚もない。彼らの生は、あたかも決定的な性質をもっているかのように展開する。死は外部に由来するものであり、存在に内在する宿命であるとは考えないことこそ普通の人間の属性である。（『絶望のきわみで』40頁）

これに対して、死の生への内在性を形式してくれるのが病気と鬱状態（メランコリー）である。「死の内在性の啓示は、一般には病気と、さまざまのうつ状態によってもたらされる」（『絶望のきわみで』43頁）。

これは私たちの常識や実感でも理解できることではないだろうか。一度、死に極限まで触れるような経験をした人は、極限まで人生を生きてしまった人だ。たとえば戦場の兵士。処刑台に立たされる経験。余命数ヶ月と宣告された病気。

トルストイの小説『イワン・イリイチの死』は、主人公イワン・イリイチの死（あるいは死の恐怖）との格闘の描写を通して、私たちの死との向き合い方を描いているが、イワン・イリイチは、病気になって死の床につくまでの人生をまどろみのようだったと形容する。昔の彼は本当には生きていなかったのだ。今や彼は覚醒したのに、本当の意味で生きているのに、彼はすぐに死んでしまう。私たちは人生のはかなさを思い知らされる。私たちは死を意識するほど生を意識し、生を実感する。ちょうど病気が私たちをまどろみから覚醒させるように、死の意識も私たちを覚醒させる。だから、人は死と格闘することで人生を真剣に生きられるようになる。死を意識すればするほど、人は真剣に人生を生きる。

だがそれでいいのかという話だ。こんなめでたしめでたしでいいのかという話だ。ここでは、死は生を活性化させるという構造が現れている。死に近づくほど私たちはこの上なく生を意識し、本当の人生を充実させてしまうわけだ。これはペシミストたる私たちが望んだことだろうか？　むしろ、私たちはこういうことすべてにうんざりしているのではなかったか。ちょうど、世界が憎悪によって活性化することに、「本当に生きるとは他者を拒絶すること」だという事態に、うんざりしたように。だとすると、もし人が生から身を避けようとするならば、死からも身を避けなければならないことになる。いわば、死とは人生に待ち構えている最後の罠だ。私たちは、死からも自由になるほど生から解放されたいのではないだろうか。それこそ死産児――死んだまま生まれた子供のように、あるいは、決して生まれなかった子供のように。

私は自由でありたい。狂気のように自由でありたい。死産児のように自由でありたい。

（『生誕の災厄』15頁）

どうすれば生からも死からも救済される?

先ほど触れたように、死というネガティブなものによって、人生が活性化するということの図式は、第一部で見た憎悪などの例にも完全にあてはまる。この世で成功するには、憎悪などの悪徳を活用することが重要だった。たとえば、憎しみは「生の奥義」であるとシオランは言っていたが、これも、ネガティブなものが生を増進させるという図式を、端的に示したものだ。同様に彼は「熱烈な否定は肯定である」とも述べている。つまり、いかなる死も憎悪も――つまり熱烈な否定も、肯定に変わってしまう。それによってかえって人は「生きてしまう」。これは、人間は自分の望んでいることとは逆のことを実現してしまうように呪われているという、シオランの根本的な考えの一例でもある。

私たちはこんな憎悪の世界にうんざりし、世界と人生から逃げ出したかったのだった。では、生の否定がかえって生の肯定に転じてしまう構造を真に否定するためには、何をすればいいのか。言い換えれば、私たちが生からも死からも救済されるためには、どうしたらいいのか。この構造から脱することが、人生を嫌悪する者として、真に人生に一発殴りつけてやることになるだろう。

まず思い浮かぶこととして、自殺がある。自殺していち早くおさらばするというのもひとつの手だ。それでも、結局は死が生に回収されてしまうのであれば、はたして本当に有効なのか、問題になってくる。たしかにシオランが言うように、自殺は一面では「電撃的」解放であり、「力づくのニルヴァーナ」（『悪しき造物主』77頁）であるけれども、それに飽き足らず、もう少しこの糞みたいな人生と世界に一泡ふかせてやりたいではないか？　ならどうすればいいのだろう——ここで出てくるのが、「解脱」と「生まれないこと」なのだ。

「解脱」と「生まれないこと」

私たちはようやく第二部の冒頭に戻ってきた。やや繰り返しになるが、あらためて「解脱」と「生まれないこと」について述べよう。

思い出してほしいのだが、第一部からこれまでの叙述では、怠惰と疲労、そして衰弱がカウンターの役割を担っていた。怠惰も疲労も衰弱も、どれも「生きることにうんざりすること」、言い換えれば「生き生きしないこと」に重点が置かれていた。解決策は、この延長線上にある。つまり、できるだけネガティブなものから離れること——病気、苦しみ、失敗、挫折、疲労、不安、不満、不幸、絶望、暴力、恐怖、そして死から離れることだ。

人生を活性化させるものすべてから身を引き離すことだ。これはいわば「非‐生」の道の探求ということになるだろう。ペシミストにとって、もし「救済」という言葉に意味があるとしたら、それは「非‐生」の実現、つまり人生からの決定的解放でしかありえない。それが「解脱」と「生まれないこと」だ。

「解脱」と「生まれないこと」、このふたつこそ「非‐生」を実現する道だ。シオランにとって救済があるとすれば、このふたつしか存在しない。「生まれないこと」は容易に分かると思う。この世に生まれてこないことだ。

では、そもそも「解脱」とはなんだろうか。解脱というと、なにやらスピリチュアルな感じがして、うさんくさく思われるかもしれないが、シオランにおける解脱とは、特定の宗教的実践を意味するのではない。そうではなく、すでに述べたように、覚醒の延長線上にある、いわば究極の覚醒とも言うべきものだ。

解脱とは、ひとまずは人生からの決定的解放、生の内部に存在したまま生を克服すること、生きたまま死者になること、「死」という言葉を避ければ、「生きたまま生を放棄すること」を意味すると言える。シオランは、仏教のみならず、グノーシス主義、エピクロス派、古代懐疑主義、ドイツ神秘主義（マイスター・エックハルト）、道教（老荘思想）、ヴェーダーンタ哲学などの伝統すべてからインスピレーションを得ている。これらの伝統をあわせてシオランは「知恵」(sagesse)と呼んでいる。これらに共通するのは、現世のさまざまな事物および人生そのものに囚われている自己の解放、いや最終的には自己からの自己の解放までをも試みることである。それは、ある意味では人間をやめることでもある。

ペシミストとは、この世界を最悪なものとみなすとともに、この世界を嫌悪する者でもあった。かくして、ネガティブなものを愛好するはずだったペシミストの、ネガティブなものから離脱する旅がここから始まる。それが成功するか、また挫折に終わるかは、本書の終わりで明らかになるだろう。

生まれなければよかったのに

まず、非-生誕から見ていこう。なぜ非-生誕が持ち出されてきたかといえば、それは私たちが生からも死からも救済されるためにはどうしたらいいのか、という問題意識からだった。ここでシオランの思考は、「生誕」に遡る。生誕とは、私が、そしてあなたが生まれてきたということだ。そもそも生まれなければ、人生で苦しむこともなかったし、生死に巻きこまれて右往左往することもなかったわけだ。生誕は、一人の人間の人生の起源というだけではなく、「生そのものの起源」という含みも持っている。シオランは、生が「生」として始まる以前、生誕以前を夢想する。そこは、さまざまな生の問題が存在せず、また存在も存在せず、無も無であるような、そんな場所だ（そこはもう場所とも言えないのだが）。シオランはそれを「永遠の潜在性」（『生誕の災厄』154頁）とも呼んでいる。

仮に人間にとっての救済があるとすれば、生誕が起こらず、生も始まらず、そのままであり続けること、そして可能ならば「そこ」に帰ることだ。それゆえ、シオランは「生誕の災厄」について語る。つまり、私は生まれないほうがよかったと。

> 私は生を嫌っているのでも、死を希っているのでもない。ただ生まれなければよかったのにと思っているだけだ。（『カイエ』824頁）

> 生まれないようにするために何もしなかったと言って私は自分を責める。（『カイエ』765頁）

しかし、これはよくよく考えると非常に奇妙なことだ。それは、今の引用文「生まれないようにするために…」に表れている。なぜならば、生まれる前には「私」は存在しないのだから、何かできるわけがないのだ。シオランによれば、生まれないことで人は救済される。しかし、そもそも救済されているのであれば、その救済される当人は存在しない。この限りでは、人は生まれてこの世に存在するや否や、たちまち救済から見放されることになる。これは、いわば最初から×印をつけられた救済で、この世に生まれることによって可能とはなるものの、その可能性は最初からゼロである、そんな救済だ。

実際、私たちは生誕以前の状態に帰ることはできない。そもそも「帰る」という言葉が意味をなす状態すら、あってはならないことだったのだ。これは、死が解放ではあるものの、本当の解放でないのと同じだ。無のままであり続けることと、ひとたび有となり、また無に帰ることには、どうしようもない差異が存在する。だから私たちは生まれる前の状態に「帰る」はずの死を恐怖するのだ。

死後の虚無は、生誕に先立つ虚無と異なるところがない以上、怖れる理由はない。——死の恐怖を克服しようとする古代人たちのこうした論法は、慰めの言葉としてはとても承認しがたいものである。出生以前には、世に存在しないという幸運にもあずかることができた。いまや私たちは存在しており、この存在の小部分、つまりは不運の小部分こそが、消滅することを烈しく怖れるのである。

（『生誕の災厄』128－129頁）

無のままであり続けることが生まれないことであり、有から無になることが死だが、この意味では、死さえもあってはならなかったのだ。「私は生を嫌っているのでも、死を希っているのでもない。ただ生まれなければよかったのにと思っているだけだ」という言葉は、このことを示している。

私たちはシオランとともに死産児の自由を望んでいたのだった。死産児の自由、それはどれだけ望んでも、私たちからあらかじめ奪われているものだ。だから私たちは、最初から「救済」を失って生まれてくるのだ。

反出生主義――子供を作るべきではない

私たちは生まれないほうがよかった。ならば、これから生まれてくる子供たちも、生まれないほうがいいのではないか。こうして、非－生誕の焦点は、すでに存在する救済を奪われた私たちから、いまだ存在しない人たちに移る。存在しない人たちは「すでに救われている」。その人たちを存在させないことは、その人たちを救われているままにすることだ。だから私たちは、子供を作るべきではないということになる。

このような考えのことを反出生主義（antinatalism）と呼ぶ。反出生主義とは、人間を生むことは道徳的に悪であるとして、反対する立場のことを指す。シオランは反出生主義を倫理学的に理論として提示しているわけではないが、子供を作ることに対して、一貫して反対の立場をとっている。

> すでに早く、二十歳になる前、私に理解できたと誇れる唯一のことは、子供をつくってはならないということだった。結婚、家庭、あらゆる社会制度、こういうものに対する私の嫌悪は、ここに由来する。〔中略〕両親とは、いずれも無責任な者か人殺しだ。畜生だけが子供つくりにいそしむべきだろう。同情心があれば、私たちは〈人の親〉になれまい。〈人の親〉、私の知るもっともむごい言葉。
>
> （『カイエ』118頁）

すでに述べたように、救済が生まれないことであるとすれば、子供を生まないことは、その子供を救済されたままにとどめるということだ。そして次の引用文にもよく表れているように、これはとてもおかしなことなのだが、実際に子供を作ってしまうとき、それはまったく現実的な事態となる。子供を作ることによって、つまり子供の人生が始まることによって、私たちはその子が生まれなければ経験することのなかった苦しみを、つまりは「死ぬ」ということすらも、その子に与えることになる。

私がこしらえようとしなかった子供たち。もし彼らが、私のおかげで、どんな幸福を手に入れたか知ってくれたなら！

（『告白と呪詛』19頁）

このように、反出生主義の思想は、シオランの思想のなかで唯一と言っていいほど、普通の意味での倫理性を持つ主張であると言える。もっと言えば、（「同情心」を除けば）それは現世への憎悪と人生への嫌悪を唯一のエネルギー源とする倫理思想だ。この嫌悪が消えるとき、この倫理も消える。

だが、自分の人生が徹底的に無意味で、すべてがどうでもいいと思っている人には、もともと倫理など、とてもむなしく響くものだ。そんな人が、たとえ少しでも他者のことを思いやることができるとすれば、それは素晴らしいことではないか？

だからペシミストたる私たちは、倫理的であるためには、憎悪と嫌悪の火を絶やさないようにしなければならない、ということになる。後で触れるが、生涯失敗し続け、自分の思想を裏切り続けたシオランでさえ、子供を作らないというのには成功してしまったのだ。それは現世嫌悪のたまものなのか、それともたまたまなのかは、皆目わからないのだが。

しかし、ここで次のような疑問を持った人もいるだろう。「解脱」のためには、その嫌悪さえも捨てなければならないのでは？ まったくそのとおりなのだ。ペシミストの困難はそこにある。それでは次節から解脱の説明を開始しよう。

解脱と知恵の伝統

これまで使ってきて何だと言われそうなのだが、「解脱」というのは、実は必ずしも正確な表現ではない。これはシオランの思想においてさまざまに現れる、現世と人生からの解放の要素を便宜的にひとまとめにした言葉だ。そこには、たとえば「無為」「無感動・不動の境地」「自我からの解放」「存在以前の状態への帰還」「現実の非現実性の認識」「(仏教的)空」といった問題も含まれている。これらすべてについて詳述する余裕はないので、ここではまず概略的に触れたうえで、本書で重視する点を述べようと思う。

まず言葉から見ていこう。そもそも日本語の「解脱」とは、現世の悩みや執着から解き放たれることを意味する仏教用語だ。フランス語では délivrance という。この単語は一般的に「解放」や「脱出」、そして「救い」という意味も持っている。

シオランにおいて、解脱と同じような意味を持つ言葉は他にもある。「解放 affranchissement」・「断念 renoncement」・「放棄 abandon」・「自由 liberté」・「明視 clairvoyance」・「覚醒 éveil」などがそうだ。言ってみれば、現世を「断念」あるいは「放棄」し、その迷妄から「覚醒」し、「明視」を持つに至った者は、「解放」された「自由」な存在である——このように言えば、これらの概念が連関していることがわかるだろうか。これらはそれぞれ違う意味を持ちながらも、シオランにとって「救済」の問題系を構成している。この問題系について考える際にシオランが参照するのが、「知恵」の伝統だ。

先ほども言ったように、シオラン自身は「知恵」という言葉もよく使っている。知恵を会得した人のことは「賢者」(sage)と呼ばれる。「解脱」はむしろ現実や自我など、執着の対象から脱する行為それ自体や、その到達した境地を意味することが多い。その行為の必要性を説いたり、実践したりする立場が「知恵」の立場だ。既述のように、知恵の立場には古今東西の伝統が含まれる。だからシオランの「知恵」や「解脱」についての発言には、彼が参照したさまざまな教説からの影響がみられる。たとえば、無為は道教(老荘思想)、無感動や不動はエピクロス派・ストア派、自我からの解放は仏教など。

だが、これらの影響は、それぞれ共通性を持ってシオランの思想のなかに存在している。例を挙げれば、無感動や不動は、現世の事物への執着の廃棄という点で、自我の放棄と現実の非現実性と共通している。また、執着という点では、『バガヴァッド・ギーター』が説く、行為の果実(その行為がもたらす結果)の放棄という意味での無為とも共通点がある。「解脱」が「断念」や「放棄」と並置される理由がよくわかると思う。

細かく言えば、「無為」や「断念」や「空」などは同一のものではなく、区別されているし、また仏教や道教など、各種の知恵の伝統それぞれへのシオランの評価もまた異なっている。他方で、シオランの思想において無為や空などは同じ問題系を構成し、また彼も仏教や道教などを知恵として一体的に把握していることもたしかだ。

なので、以後本書では種々の救済の境地をひとまず一括して「解脱」と呼ぶことにしたうえで、「人生および現世からの解放」という観点に注目して論じていきたい。実は「解脱」ではなく、「空」でもよいのだが、というよりむしろ、シオランは「解脱」を「空」の前段階として考えていることもあり、究極の真理としては「空」のほうが適切かもしれない。しかし、あまりに仏教的に思われるのと、ここでは「解放」・「脱却」の意味を強調したいこともあり、「解脱」と呼ぶことにしたい。

解脱は人生を克服する

解脱は「人生および現世からの解放」であるとは、言い換えれば、解脱は第一部で見てきた人生や世界の害悪に対する解決策だということだ。第一部で主にどのような厄介なことを見てきたかといえば、怠惰と疲労の章では悪の源泉である行為、憎悪と衰弱および文明と衰退の章では憎悪をはじめとする悪徳、病気と敗北の章では病気と苦しみと挫折、そして自殺。解脱はこれらすべてに対する解決策だ。

すでに第一部においても、上の厄介な問題に対する反応を扱ってもきた。たとえば、怠惰と疲労は「何かをやらなければならない」・「何かを生産しなければならない」という行為の至上性を否定するものだったし、衰弱は憎悪が渦巻く現世というアリーナから降りることだった。

解脱は、基本的に同じ路線上にある。何が違うかといえば、ただそれらよりも徹底的に現世と人生を否定するところだ。怠惰と疲労は、何もしないという「無為」をあらわしていたが、それにも限界があった。人は本当に何もしなければ死んでしまうから、自分の怠惰と疲労とに応じて、かなり何もしなかったり（家から出ないとか）、少し何かをしたりした（死んだ目をして働きにいくとか）。それが解脱では、「無為」にほとんど近づく——それどころか「無為」を実現してしまう。

また、衰弱の現象も、衰弱がそれほどでもない人々には落とし穴があったことはすでに見たが、これも解脱は極限まで衰弱を徹底し、いわば力のゼロ地点に到達し、天使にしか不可能だと思われた真の「中立」を達成する。解脱した人は、もはや現世の何ごとに対しても関わることがない。人生の苦しみやあらゆる負の感情からも解放され、最終的には死と生すらも克服する——そのようなものだとされる。はたしてそんなことが可能なのか？という疑問を抱いた人は多いと思うが、後ほど詳しく扱うので、しばらくはとにかくそのようなものだと思ってもらいたい。

重要なのは、解脱はまさに人生を克服するということだ。私たちは第一部で、この世界に生きることがいかに悪に関わることであり、困難なものであるかを見てきた。悪の源泉である行為。成功するためには活用しなければならない憎悪。これらはほんの一例にすぎない。解脱は人生の悪のすべてを、人生ごと脱却し、人生と現世から解放される。

生きたまま死者になること

人生の悪を人生ごと脱却するとは、すなわちネガティブなものが生を増進するという図式を人生ごと脱却するということだ。繰り返してきたように、ネガティブなものは現世での繁栄に資する重要な資源だった。憎悪と衰弱の章で触れた、悪徳が成功の鍵だというのはそのわかりやすい例だし、挫折と苦しみもそうだ。解脱とは、激しい強度を持つネガティブなもの――死、病気、苦しみ、失敗、挫折、不安、不満、不幸、絶望、恐怖等々、これらすべてから離れ、ネガティブなものがポジティブなものに奉仕するという事態をひっくり返し、ひいては生そのものを克服することを意味する。

どのようにしてこの事態がひっくり返されるかといえば、それは「解脱」の内実にかかっており、解脱の一語でまとめた種々の境地によっても変わってくる。例えば「空」であれば、現実の非現実性の看取、すなわち私たちが存在していると思っている世界は、本当は実在しないものなのだ、という認識の経験によってなされる。ここでは「放棄」「断念」および「無為」に注目して話を進めよう。先ほど言った、人生の悪の構造からの離脱は、人間の行為にとって主要なエネルギー源である感情と欲望の放棄によって実現する。それらの放棄を通して、行為を極限にまで制限することによって、無為が達成される。その結果として、人生から生きたまま解放される――いわば生きたまま死人になるということが目指される。

解脱とは、彼の言葉を用いれば、「感情という重荷」を下ろしてしまい、あらゆるきずなから解放され、もはや何物にも執着しなくなるということだと言える。

自由を取り戻そうとするなら、感情という重荷を下ろすこと、感覚によって世界に反応することをやめること、そしてあらゆるきずなを断ち切ることを考えねばならない。ところで、すべての感情が、すなわちきずななのだ。苦しみと同じく快楽も、悲しみと同じく喜びも。存在や物とのあらゆるつながりから離れて、空無のために鍛錬する精神のみが解放をかちえる。

（『実存の誘惑』15頁）

ここで重要なのは、きずなからの解放という観念そのものから解放されなくてはならないことだ。あらゆる執着からの解放と言う際の、あらゆる執着には、解放への執着も含まれる。それは、生に対して反対するということからも解放されている必要があるということだ。シオランは『生誕の災厄』において「どこの誰にも増して、一切から超脱し、一切に対して無縁だと言い張ることだ、無関心の躁暴狂でしかないと主張することだ！」と言っているが、そうではなく、同じく彼が言うように、「無関心の最後の一歩は、無関心という観念そのものの破壊」でなければならず、「幻影の前に香を焚く」ことであってはならない。

無関心への最後の一歩は、無関心という観念そのものの破壊である。

（『生誕の災厄』238頁）

「一切は幻影にすぎない」と言いきるのは、幻影の前に香を焚くことであり、幻影に高度の、いや最高度の実在を認めることである。本当は幻影の権威を破壊せねばならぬはずなのに。では、どうしたらいい。一番いいのは、幻影を声高に説いたり、告発したり、幻影について考えるという形で、幻影に隷従したりするのをやめることである。すべての観念を失格させる観念は、それ自体が桎梏なのだ。

（『生誕の災厄』276頁）

生きながらにして現世のすべてへの執着を捨てた者、これこそがシオランにとって生の克服を意味する。ここで重要なのは、それは生きながらにして達成されなくてはならない、ということだ。なぜなら、死そのものは決して生の克服を意味しないからだ。

生と死を超越しない限り、私たちは最悪の仮象からいつまでたっても自由にはなれない。

（『カイエ』876頁）

死は生を構成している最後にして最大の要素だ。だから解脱者は、死も生もまとめて廃棄しなければならない。そうなってはじめて、解脱者はなんの動揺もなく死を受け入れることができるだろう。死を前にして動揺する。それはまだ生きているということだ。「死ぬときに死なないために死ぬ前に死ね」とは、アビラの聖テレサの言葉とも、また正教の聖地、アトス山の修道院に掲げられている言葉とも言われるが、まさしく死ぬときに死なないために（それでもって生きてしまわないために）死ぬ前に（生きながら）死ぬことが求められている。

生きながらにして死ぬ、このことは矛盾めいているが、「無為」も同様に矛盾めいている。無為とは、あらゆる悪の源泉である行為の放棄を意味する。徹底して何もしない、たとえ何かをしなければならず、何かをしているように見えるとしても何もしていない――

そんな不可能なことが解脱者には求められる。それでこそ否定が肯定に転化するという事態を突破することができる。

この矛盾めいた事態を理解するために有用なのは、「行為の果実の放棄」という概念だ。すでに述べたように、「行為の果実の放棄」とは、『バガヴァッド・ギーター』で説かれる教説であり、行為がもたらす結果への執着を捨てることを意味する。ある何かを求めるために行為するのではなく、いわばまったくどうでもいいと思いながら行為すること、そして行為そのものをもたらす原動力である欲望を放棄すること、最後には「行為の果実の放棄」という概念をも放棄すること、これが無為を実現するにあたって必要なことだ。それは同時に無為という観念の破壊でもある。

> 行為の成果の超脱というこの言葉の意味は、真にこれを体得した者にとっては、もはやなすべきものは何もないと思われるほど重要なものだ。なぜなら、かかる人間は、そのとき唯一まことの限界に達しているからであり、あらゆる真理という真理を内容空疎（空）なものとしてあばき、無効と断ずるまことの真理に達しているからである、しかも、この真理そのものも内容空疎（空）なものだ――だが、それはみずからを自覚した空疎（空）なのだ。試みに、自覚の自覚なるものを、

覚醒へのさらなる一歩を想像してもらいたい。そうすれば、この一歩を実行に移す者がもはや幽霊にも等しい存在でしかないことが分かるだろう。

（『四つ裂きの刑』5－6頁、一部改変）

わたしたちに残されている唯一の手段は、行為の成果のみならず、行為そのものを放棄することであり、非生産性を遵守し、わたしたちのエネルギーと可能性の大部分を利用せぬままにしておくことだ。

（『時間への失墜』41頁）

もはや行為という行為に重要性を置かずに行為する境地、もはや関心か無関心かにも関心がないような境地のことを、シオランはそれぞれ「無為」（désœuvrement）と「無関心」（indifférence）と呼んでいる。究極の無為と究極の無関心と言うべきだろうか。逆説的なことに、この境地においてはもはや生への復讐も、ルサンチマンも、生に一矢報いてやろうという考えさえ消滅している必要がある。自らの同一性と、同一性の意識すらも捨て去らなければならない。

もし形而上学的な境涯を望むなら、いかなる場合でも自己同一性（アイデンティティ）を保つことはできない。同一性ののこりかすはほんの少し残っていても、一掃しなければならない。その逆に歴史的な役割を担うとしたら、私にふりかかってくる任務は、私の全能力を、それとともに破裂してしまうほどに激化することである。

（『実存の誘惑』7－8頁、一部改変）

言い換えれば、「私は無関心である」という意識すらも破壊しなければならない。ちょうど懐疑論者が、解脱に至るためには、自らの懐疑そのものすらも懐疑しなければならないのと同じだ。首尾一貫した強情な懐疑論者、この「生ける死者」は、「この空虚（空）に、自分の懐疑そのものを疑ったあげく、ついには自分を疑い貶め嫌悪し、もうみずからの破壊者としての使命を信じなくなったとき、完全に接近する」（『時間への失墜』65頁、一部改変）。

この完全に接近した者は、もはや自分の感情や感覚というこの世界とのきずなのみならず、「自我」そのものからも解放されている。もはや自他の区別はなく、他人に対して自分を重視することもない。究極の中立であり衰弱だ。そして自他の区別がないということは、自分という存在が個体化する以前の、存在以前の「永遠の潜在性」を看取していることでもある。シオランが考える解脱した人とはこのような者だ。

解脱の不可能性

さて、これまでシオランの発言を交えて解脱について説明してきたが、具体的にどうやったら解脱できるのか、あるいはそもそもこんなことが可能なのか、という疑問を抱いた人もいると思う。最初に言ってしまえば、シオランが解脱への具体的な方法を述べることはない。彼が解脱に至ったことは一度もなかったからだ。その境地に至ったと錯覚したことはあったようだが、彼はすぐに自分がいまだに「自我」にとらわれていることに気づいた。そして自分には解脱は不可能であり、知恵の教える境地は自分には禁じられていると何度も書いている。

だから彼が描写している解脱の状態も、理屈で考えればこうなるだろうと思われることを書いているだけで、自分が実際に体験したことではない（解脱の境地を垣間見たような、それに近い体験はあったようだ。彼は生涯で何度か経験したエクスタシー体験について語っている）。

そもそも可能なのかという疑問については、彼は人間にはほぼ不可能だと見ている。絶対に不可能とは言わないのは、ブッダやピュロンなど、一握りの人間には可能性を認めるからだ。ただし、解脱がきわめて困難、とりわけ自分を含めた現代の西洋人にはほぼ不可能なほど困難だということを、彼はくりかえし主張している。

「緊張した生き方は道の対極だ」と、きわめて正常な人間だった老子は教える。しかしわれわれは、キリスト教というビールスに蝕まれている。苦行者たちの伝統を受けつぐわれわれが、自分自身の意識に目ざめるのは、まさに苦しみをとぎすましてゆくときだ。〔中略〕われわれは教会によって嘆きの鎖に、試練の信仰に、喜びをふみにじり、悲しみに歓喜する信仰にしばりつけられている。

（『実存の誘惑』9頁）

われら苦しみのシバリス人（享楽者）、マゾシスムの伝統の落とし子のだれが、ベナレスの説教とエオートンティモルーメノス（「われとわが身を罰する者」ボードレールの詩）のあいだで、どちらを選ぶべきか、ためらったりするだろうか？「我は傷であり刀である」、これがわれわれの絶対であり、われわれの永遠なのだ。

（『実存の誘惑』16－17頁）

ベナレスの説教とは、ブッダの説教のことだ。シオランはここで、キリスト教の影響を強く受けたヨーロッパ人は、ブッダの説教とボードレールの詩ならば、迷わずボードレールを選ぶと言っている。シオランによれば、キリスト教はヨーロッパ人に苦痛を愛することを教えこんだ。キリスト教はキリストの受けた苦痛を強調し、苦難である十字架をその象徴とした。キリスト教の修道士たちはその苦痛に少しでも近づくために好んで自分に鞭打ち、苦しみを享楽し、迫害を信仰の証明だとして喜んで受け入れた。このマゾヒスティックな「苦しみへの意志」を、現代人も受け継いでいる。ならば「我は傷であり刀である」と自分で自分に与える苦痛を歌い上げるボードレールと、苦しみへの執着も含めた欲望の放棄を説くブッダ、どちらを選ぶかは明白だ。

実はこの苦しみの愛好というのが、シオランの失敗を語る点で重要な要素となってくる。言ってしまえば、シオランの失敗のひとつは、苦しみの愛好による解脱の不可能性にあるからだ。それゆえ、彼は自分が尊敬し、一度は目指したはずの賢者と知恵の伝統に異議申し立てすることになる。

私たちは苦痛を求めてしまう

シオランは知恵を崇敬し称揚しつつも、生涯にわたって、彼の言葉でいえば「知恵の危険」を説き続けてきた。彼はすでにデビュー作の『絶望のきわみで』から、賢者の不毛性を告発している。

人間の精神がかつて抱懐した最大の愚かさは、欲望の除去による解放という観念である。〔中略〕私は、思いあがった、無感不動の賢者などよりも、扱いかねる欲望を持つ者、愛において不幸な者、絶望者のほうをはるかに尊敬している。〔中略〕私は賢者たちを、その自己満足、臆病、慎重さのゆえに憎む。苦悩に鈍感であるように快楽にも鈍感な、冷静な気質などよりも、焼きつくす情熱のほうが私にははるかに好ましい。〔中略〕彼は何も見ず、何も感じず、何も望まず、何も期待しない。

(『絶望のきわみで』139－141頁)

22歳の筆によるだけあって、若々しく賢者の不動性を攻撃している。愛において不幸な者、絶望者のほうをはるかに尊敬するというのは、なんともボードレールの子孫にふさわしい物言いだ。後年の『実存の誘惑』のシオランはもう少し賢者と知恵に譲歩しているが、拒絶の立場を示すのは変わらない。

私は、道教が消滅と諦念を勧めているのは卑劣さからではなく、絶対の名においてなのだと十分、承知していながら、それを受け入れるその瞬間に、拒絶してしまう。幾度、老子が正しいのだと考えても、それでも、一人の殺人者のほうがよく理解できるのだ。

（『実存の誘惑』23頁）

賢者より人殺しのほうがよく理解できる。これと同じ図式の対比を私たちは第一部の怠惰と疲労の章で扱った。人は怠惰人間の単調な無気力よりも、生彩ある人殺しのドラマのほうに魅力を感じるという話だ。だから事情は私たちにしてもシオランにしても変わらない。人は苦しみや悪の魅力――すなわち生の魅力から逃れることはとても難しい。苦痛の除去を望んでいたはずなのに、私たちは結局苦痛を求めてしまう。苦痛に注目し、苦痛を価値化し、苦痛を愛し、苦痛を憎む。愛するのも憎むのも執着しているという点では同じだ。解脱のためには私たちはその執着から解放されなければならないのに。

解脱とたもとを分かつシオラン

苦痛の執着から逃れられないというのは、もうひとつ違う観点でもシオランにとって不可能なことだ。それは苦痛の価値評価に関わる。解脱のためには、苦しみそのものを放棄し、苦しみへの愛好という執着をも放棄しなければならなかった。シオランはここに解脱に対する非適応性をみせた。そして今度は、苦しみの価値評価と実在性が問題になる。

解脱のためには、苦しみをなんでもないとみなし、苦しみの価値を最低に見積もることが必要だ。そして「空」の境地にあっては、苦しみは実在しないものとなる。苦しみが存在すると思うのは、たんにそのように思いこんでいるだけだ。世界や自我ですら実在性を持たないのに、どうして苦しみだけが実在するというのだろうか。世界や自我や苦しみが実在する、そのような思いこみを捨てることが、解脱ひいては空に至るうえで不可欠だ。

苦しみをなんでもないとみなすこと、そして苦しみの実在性の否定の教えに、シオランは当然ながら理解を示す。しかし、ここでもシオランは知恵と賢者に反旗を翻すことになる。

思い出してもらいたいが、シオランにとって苦しみは、最高度に実在するものだった。第一部の病気と敗北の章で引用したように、「非現実的な苦悩などというものはない。たとえ世界が存在しなくとも、苦悩は存在するだろう」と彼は言っていなかっただろうか。彼にとって、他の何にましても、苦しみはもっとも実在性が感じられるものだ。苦しみが実在しないというのなら、すべてが実在しないとまで言えるほどに。彼自身、病気の苦しみに生涯悩まされ、苦しみをめぐってずっと考え続けてきた。その苦しみが実在しないとは！

シオランがテイヤール・ド・シャルダンと話した際、テイヤールが「苦悩は進化の単なる偶発事である」と述べた瞬間、シオランは激怒し、ただちに立ち去ったというエピソードからも分かるように（『シオラン対談集』21頁）、苦悩を過小評価しようとする傾向にシオランは反抗する。苦しみの実在性の否定が、もっとも過激な過小評価でなくてなんだろう。

私たちにとって、苦とは、われにとどまらぬすべてのものだ。仏教とは、なんと奇妙な宗教か！いたるところに苦を見ながら、同時に苦を存在しないものと断定するのだ。私は苦を認める。私は苦なしで済まされないし、慈悲の名において（仏陀がしたように）苦に一切の形而上学的地位を拒否することはできない。（『カイエ』122頁）

だからシオランは苦しみを認める。苦しみは実在すると言う。ここにおいてシオランは解脱の道と分かれる。だが、彼が解脱とたもとを分かつ理由は他にもある。次にもうひとつの理由を見てみよう。

ペシミズムは人生を憎むことを愛してしまう

先ほど、「解脱」のためには、人生と世界への嫌悪さえも捨てなければならないのでは、という疑問について、まったくそのとおりだと述べた。もうわかると思うが、苦しみと同じく、シオランが捨てられないものこそ、人生と世界に対する嫌悪だ。ここでこの問題をさらに追究しよう。

解脱のためには、苦しみに対する執着を放棄しなければならなかった。あらゆる感情と感情に対する執着を捨てなければならないのだから、他の感情をも捨てなければならないのは当然だ。そしてそこに、生に対する嫌悪と、嫌悪に対する執着も入ってくる。

人生に対する嫌悪は、ペシミストをペシミストとして駆動させる唯一の原動力だ。私たちが解脱などという、こんなところまで来たのは、人生への嫌悪と、そこから解放されたいという意志のためだ。太陽の下で起こる人生と世界のあらゆる惨劇、つまり個人の生老病死、歴史の暴虐、行為と成功がものを言う世界の現実などが、私たちが逃れたいと思っていたもので、嫌悪の対象であったものだ。解脱においては、この嫌悪を捨てなければならない。憎悪だろうと嫌悪だろうと、ネガティブな感情であるのは変わらない。人生と世界への嫌悪だけが、解脱という、感情の一掃から免れると思うのは、お門違いというやつだろう。

ここで明らかになっているのは、知恵はある意味で私たちと世界との和解を試みるということだ。知恵は私たちの原動力であった嫌悪を、すべての感情ごと消滅させ、私たちと世界との対立をなかったことにする。「空」の立場からすれば、世界などというものは実在しないのだから、そんな対立が実在しないのも当然の話だ。

もし知恵が不毛性の要因のなかで筆頭に位するとすれば、それがわたしたちを世界と、またわたしたち自身と和解させようとするからである。それはわたしたちの野望の上に、そして才能の上に襲いかかる最大の災難であり、野望や才能を思慮深いものにする、言い換えれば、それらを抹殺する。それはわたしたちの深部を、内奥を侵し、幸いにも忌まわしいものであるわたしたちの才能の深部を責めさいなみ、わたしたちを穿ち、沈め、わたしたちのすべての欠陥を危険にさらす。

（『時間への失墜』140頁）

シオランはここでは主に作家の立場から、知恵のせいで作家の陥る不毛性について語っているが、これは作家以外のあらゆる人にもあてはまる話だ。この世のあらゆるネガティブな感情を基盤とする試みは、解脱によってその基礎を掘り崩され、雲散霧消していってしまう。それは世界への嫌悪を基盤として解脱のほうに向かっていったペシミストも例外ではない。

ペシミストはシオランとともにここで選択を迫られる。大願成就してペシミストであることをやめるか、それとも解脱を諦め、ペシミストにとどまり、世界を呪詛し続けるかだ。言うまでもないが、シオランは呪詛を選んだ。だからここで解脱と道を分かれる。人はペシミストであるかぎり、解脱に至ることはできない。世界と和解することはできない。ペシミストとは人生を嫌悪し世界を呪詛する存在のことをいうのだから。だからシオランから解脱をはばんだのは、彼のペシミズムであるといえる。ペシミズムは嫌悪と呪詛に固執してしまう。言い換えれば、人生と世界を憎むことを愛してしまう。そのような愛こそ、解脱の道において捨てなければならない最たるものだ。シオランは、負の感情、ネガティブな激情、悲惨、苦悩、絶望、そういうものに魅了されてしまい、世界と生を憎むのをやめられなかった。それこそ人間をこの世界に縛り付け、人を世界の惨状と一体化させる。

この世界が厭わしいものであっても、それでも私はこの世界にそそのかされ、いまにいたるも、この世界にほんとうに代わりうる主題にただの一度もお目にかかったことはない。私はこの世界の惨状から離れられない。というより、惨状と自分の見分けがつかないほど惨状と一体なのだ。

（『カイエ』254頁）

シオランの弱さ

以上、解脱の道における、シオランの失敗に注目してきた。シオランのつまずきの理由は、彼が否定を捨てることができなかった点にあるが、この失敗によって、彼は中途半端な位置、あるいはもっと価値中立的な言葉を使えば、中間的な位置に置かれる。解脱を称揚すると同時に解脱を拒否する。頭では理解できているけれど、実践はできない。体の次元では、病気と苦しみという肉体の抗議が、苦しみの非実在性の教説に対して異議を唱え続ける。そしてついには頭の次元、理念の次元ですら解脱に反対せざるをえなくなる。

さて、第二部の冒頭でシオランにはふたつの挫折があると述べたことを思い出してほしい。これまで「解脱」の挫折について論じてきたが、今度は彼の「実践」の挫折について見ていこう。これによって、彼の中途半端さが如実に際立つことになり、さらには、ペシミズムそもそもの中途半端さにも行き着くことになる。

これまで第一部でも、何度かシオランの実生活上の中途半端さについて触れてきた。一見したところ、彼は社会や公衆との断絶を一貫させたように見える。彼は数年に一冊本を出すだけで、労働を拒否しパートナーに寄生しながら、かなりの程度世捨て人的な生活を送り、文学賞を何度も辞退して名声を拒絶した。プレイヤード版著作集の記述によると、彼は1987年にノーベル文学賞を受ける意向があるか打診を受けたけれども、拒否したという話がある。

それでも彼は完全に社会と絶縁したわけではない。彼はボーリンゲン財団から支援を受けて仕事をしていたり（ヴァレリー論など）、プロン社で叢書編集の責任者になったりした。また、一時期は文学サロンに通っていたし、ユネスコが主催した彼を讃える催しに（いやいやながら）出席したり、当時のフランス大統領ミッテランの招待を受けてパーティーに行ったりした。文学賞にしても、『崩壊概論』に対して与えられたフランスでの最初の賞は喜んで受けた（受賞の報告を受けたとき、「やった！　勝ち取った！」と叫んだそうだ。彼はそれまでフランスでまったくの無名だったのだから、無理もない）。

また、彼のことを彼の著作から受ける印象どおり、禁欲的なイメージで見ている人は、次のエピソードにショックを受けるかもしれない。シオランの死後、彼が70代のころ、40歳以上年下のドイツ人女性フリートガルト・トーマ（Friedgard Thoma）と情熱的な愛を交わしていたことが明らかになった。シモーヌ・ブエという、生涯の伴侶がいるにもかかわらず。このスキャンダルを受けて、「彼女（トーマ）を愛することによって、シオランは自分自身とその伴侶（シモーヌ）を裏切っただけでなく、自らの哲学の本質を裏切ったのである」とまで言われた。

シオランはトーマに送った数々の手紙のなかで、あまりにも露骨に愛を表明しているので、紹介するのがためらわれるほどだ。まあ「あなたがどこか近くでひとり暮らししていないのは残念だ」とか、「あなたのスカートに……」云々という文章を読まされる身にもなってほしい。あれほど解脱や空について語りながら、なんとシオランは解脱から遠かったことか、という感慨しか生まれない。

とはいえ、ラブレターまで公衆に晒されてしまう、シオランの立場に同情をおぼえないでもない。ある女性へ宛てたカフカの手紙について次のように書いている彼に、あなたも将来死んだ後同じような目に遭いますよと言ったら、どんな顔をするだろうか。

ただひとりの女性に宛てて書かれた同じような告白を、万人に知らしむるとは何という冒瀆であろうか！　カフカが、ほんの二、三度会ったにすぎない、ほとんど未知も同然の娘に、こんなつらい、こんな恐ろしい秘密を打ち明けたとき、半世紀後、自分の内面の劇が新聞や雑誌に暴露されると予想していたら、いったいどんな反応を示したであろうか。（『カイエ』９４７頁）

そして何よりも、彼は書いた。それもフランスで最高の権威ある出版社から本を何冊も出した。いくら売れないといったって、ガリマール社から十冊も本を出しておいて、敗者を気取れるものだろうか？　彼の著書はいまや少なくとも十六ヶ国語に翻訳されているし、最後の著作である『告白と呪詛』は商業的に大成功を収めた。これらは彼が書き続けた結果だ。

なぜ書くのか？　これはシオランが生前から何度も突きつけられた疑問だ。沈黙を尊び、名声を嫌うのに、なぜ書き、あまつさえ本を出版などするのか。この疑問に対して、彼はこう答えている。書くことによって、自分は自殺しないでいられたのだと。「一冊の本は、延期された自殺だ」（『生誕の災厄』１３４頁）。彼は憂鬱のときにものを書く。ひとたびものを書き、表現されてしまえば、どんな憂鬱も妄執も和らぐ。そして、それが本として出版されると、ますます自分とは違う「外的」なものとなり、それだけ距離が取れることになる。

たしかにそうなのだろう。だが、それで彼が中途半端な存在でなくなるかといえば、それは別問題だ。彼は沈黙を尊びながら沈黙せずものを書く。自殺と自殺者を讃えながら自らは自殺しない。禁欲も同じだ。彼は自分の著作に表れている極限の思想を実践せず、それを裏切る。第一部でも述べたように、この点で彼は自分が批判しているニーチェそっくりだ。

ペシミズムの大失敗

それでも、シオランは思想家としては偉大ではないだろうか？　偉大は偉大なのだが、ここでも彼と中途半端さは切っても切れない関係にある。とくに、彼のペシミズムは、自らが望んでいるものと反対のものを実現してしまうという、中途半端さを被る運命にある。

ではペシミズムの望んでいるものとはなんだろうか。それは人生と世界を憎むことだ。人生と世界を呪詛し、決定的な打撃を与え、そして自分が生まれてきてしまったという事態に解決を与えることだ。だからこそ、ペシミズムは解脱および非-生誕のほうに向かったのだった。

しかし、解脱に向かう過程で明らかになったのは、生への憎悪であるペシミズムは、自分が消滅させたがっているものを憎むことによって、生を消滅どころか復活させてしまう、ということだ。解脱のためには憎しみを捨てなければならない。だがそれを捨ててしまえば、ペシミズムはペシミズムでなくなる。だからペシミズムがペシミズムであり続けるかぎり、憎しみは復活し、生もまた復活する。

この意味において、ペシミズムは人を生かしてしまうことになる。解脱の道、それはある意味では人間をやめるための道だった。解脱の道を諦めたペシミズムは、人間の領域に帰ってくる。そして憎しみでこそ、ネガティブな感情でこそ人は世界で生き生きとしたことを思いだそう。憎しみを捨てることができず、憎しみとともに舞い戻ったペシミズムは、再び人間となり、そしてペシミストは人生と世界に対する憎悪によって、どうしようもなく生きてしまうことになる。

人生を呪うことを愛しすぎ、呪いを捨てきれなかった者が、その呪いによって再び人生に閉じこめられる。これはなんとも見事な大失敗ではないだろうか。人生を呪うためには生きている必要がある。死んでもだめだし、解脱によって人生の外に出てしまってもだめだ。だからペシミストが人生に固執するのも無理からぬことなのだろう。シオランはこういう風に述べている。

この人生から自分を葬り去るのは、人生に毒づく楽しみを捨てることでしかない。これが、この世にけりをつけるつもりだと言いにきた人間に、返してやれるたった一つの答えである。

（『告白と呪詛』81－82頁）

ペシミズムの中途半端さとは、生を嫌っているのに生きざるをえないところだ。全力で人生と世界を罵倒するのに、嫌っているはずのその惨状に魅了され、ずっと生にとどまっている半端者がペシミストだ。これは自殺する自殺すると言いながらいっこうに自殺しない人に似ている。第一部の自殺の章で見たように、自殺の観念によって人は自殺を遅延し、人生を自殺の延期とし、暫定的に生にとどまっていられたのだった。自殺の観念が人を生かすのと同じように、ペシミズムも人を生かす。それも解脱という、人をやめる道を歩むことを翻意させることで、人を生かす。

しかし、それは具体的にどういうことだろうか。ペシミズムとは、人生や世界を嫌悪することだが、同時に世界を否定の相の下で見る立場とみなすことができる。つまりあらゆる物事を悲観的に、ネガティブに見るのがペシミズムだ。だから人生を嫌悪し、そこから逃れたいと考える。これまで見たとおり、ペシミズムは生を憎み、生から離脱する契機を垣間見ながらも、離脱できずついには沈没してしまう。その結果、人生と世界という悪のフィールドに帰ってくる。

しかしよく考えてみれば、ペシミストほどこの世の悪をよく味わうことができる者はいない。それは生のなかで生をよく味わう——悪を味わうという技法に長けているということだ。これはペシミズム本来の立場からすれば大失敗だ。しかし普通に考えれば、よく生きることほどよいものはないのではないだろうか?

「生きる知恵」としてのペシミズム

ここまでに見てきたように、ペシミストは人生から救われようと試みるが、結局は救済がありえないことだと思い知らされ、人生のなかに再度放り出される。「生まれない」という選択肢を選ぶことが完全に不可能な以上、反出生主義を貫くことを除いて、もはやペシミストにやるべきことはない。逆説的だが、このあらゆる行為の等価性と無意味性が、ペシミストにあらゆる行為を可能とさせる。実際、シオランは次のように述べている。

毎日、つぎのように繰り返すべきである。「自分は、地球の表面を何十億と匍いまわっている生きものの一匹だ。それ以上の何物でもない」――この陳腐な呪文は、どんなたぐいの結論をも、いかなる振る舞い、いかなる行為をも正当化する。遊蕩も、純潔も、自殺も、労働も、犯罪も、怠惰も、反逆も。……かくて、人間は各自、みずからの仕業にそれ相当の理由を持つことになる。

（『生誕の災厄』158頁）

このように開き直ってしまえば、ペシミストはなかなか人生を「楽しむ」術に長けているとも言うことができそうだ。事実、人間には「嫌悪すべきものへの嗜欲」があるとシオランは言っている。また、嫌悪する対象であるはずの人生の悲惨から目をそらすことができず、ついには人生の惨状と一体となってしまう、とも述べていたことはすでに触れた。ペシミストは人生を嫌いながらも、この人生と表裏一体であらざるをえない。そのなかでペシミストができることは、この世界でうごめいて壁に頭を打ち付けつつ、病気を育て、かつその病気を楽しむことではないだろうか。

病気を克服することができない以上、わたしたちのなすべきことは、病気を育て、病気を楽しむことである。こういう自己満足は、古代人には常軌逸脱と見えたであろう。彼らは、苦しまないという快楽にまさる快楽を認めていなかった。彼らよりも理性的でないわたしたちは、二千年後、この点、異なった判断を下している。

（『時間への失墜』118－119頁）

シオランの考えに則るならば、頃合いを見計らって壁に思い切り頭を打ち付けて自殺するのもいいだろうし、自殺はせずに世界を呪詛しながら生き続けるのもいいだろう。シオランの言葉を使えば、ペシミズムとは「生きる知恵」だ。

いわゆる〈ペシミズム〉とは、存在する一切のものの苦しみを味わうすべ、つまり〈生きる知恵〉にほかならない。

（『カイエ』843頁）

今の提案について、「そんなのはあまりにも無責任である」と言う人もいるかもしれない。しかし、考えてもみてほしい。ペシミストはもともと死のほうに傾いた人々だ。そのような人々が、ペシミズムによって形や長さはどうあれ、少しでも生き続けていられるとしたら、それは「生きることはいいことだ」と思いこんでいるペシミスト以外の人たちにとって、祝福されるべきことではないだろうか。生きることは何にもましていいことだ、と思っている人々が、なんであれ生き延びることを肯定しないとしたら、それはとてもおかしなことだ。ちなみに、「何があったって、生きていかなければならない」という前提に疑問を付す、ジャン・アメリーの言葉で言えば「生の論理」から飛び出してしまった人たちのことを、ペシミストと言うのだが……。

とはいえ、ペシミストの多くはそんな祝福を送られても苦い顔をするだろう。自らの生が憎いというのに、その憎しみのおかげで生きながらえ、あまつさえ他人から祝福されるとは！　この意味では、ペシミズムとは敗北をあらかじめ運命付けられている思想であると言える。

失敗のゆえに近しい

第二部の冒頭で、シオランは失敗した中途半端な思想家だと述べた。中途半端ということは変える気はない。シオランはその思想の実践において中途半端であり、その思想がペシミズムであるというゆえに中途半端だ。そして失敗という点でも、彼の思想には解脱の不可能性という挫折が刻まれている。しかし、そうであるがゆえに、開かれる可能性があるというのも、またたしかなことだ。

ペシミズムというのは極限では自己でなくなってしまい、そうでない場合は敵対者である生に吸収されてしまうという、非常に半端ものの立場だ。しかし、もし最後には否定でなくなるにしても、出発点は否定から始まらなければならないとすれば、そこにペシミズムあるいは否定の道の特別な地位があると言える。シオランはこの運動のひとつの見事なケースとして見ることができる。生まれないという、あらかじめ救済を奪われた存在が、解脱に向かって突進するが敗北し、最後には生に戻っていく。

彼の思想に敗北が刻まれているからといって、顧みるべきではないということはまったくない。その逆だ。彼は失敗したがゆえに興味深い。なぜなら私たちは、相変わらず生きているし、当分は生きていかざるをえないからだ。彼が解脱にまで至れなかったのは残念だ。だが、そうであるがゆえに、彼は私たちに近しい。彼は生を超越する仏教などの「知恵」ではない、解脱の称賛と同時にその挫折を刻まれた、いわば地上的な「知恵」を私たちに教えてくれる。だから私たちは彼に学ぶことができる。

あとがき

もう十年以上前のことになる。当時私は哲学科の大学三年生で、卒論の題目を決めなければならなかった。私はショーペンハウアーで書こうと思っていた。この選択からもわかるように、当時の私は非常に鬱々とした人間で（今もあまり変わらないかもしれないが）、ネガティブな言葉しか受け付けず、厭世的な作家を読み漁っていた。音楽を聴いても、ポジティブな歌詞が出てきたとたん、うるせえ死ねと思ってただちに消していた。その結果、ネガティブな曲のほかは、歌詞がない音楽と、歌詞が意味不明な音楽しか聴けなくなってしまった。

そんなとき、数少ないある友人から（私が大学時代に作った友人と言える人は二人だけだった）、君にぴったりの本があると言われた。それがシオランの『生誕の災厄』だった。読んですぐ衝撃を受けた。自分が言いたいことはすでにこの人にすべて言われてしまっていたと思った。自分に残されているのはこの人の言葉を注釈することだけだと思った。その日のうちに卒論の題目をシオランに変え、以来ずっと彼の文章を読んでいる。
　最近になって、少し考えを変えた。自分が言いたいことすべてを、シオランが言ったわけではないし、同様に、シオランが言ったことすべてが、自分が言いたいことなのではない、と思うようになった。それでも、シオランの本を読むたびに、本当にそのとおりだなと思うことはしばしばだ。私にとって彼は非常に重要な、人生に多大な影響を与えた思想家であることは変わりがない。彼の故国ルーマニアに留学までしてしまったのだから。
　本書では、私と彼のその重なる部分を提示したつもりだ。だから個人的な解釈が多分に入っているし、取捨選択は避けられなかった。例えば、彼の宗教思想、特に神についての考えにほとんど触れることができなかったし、また彼の文学との関係についても言及することができなかった。私にとって彼はどこまでいってもひとりの厭世思想家で、それ以外の読み方をすることは難しい。なので、本書の内容はいささか偏っていることは否めない。もしご意見があれば、以下のメールアドレスに寄せてほしい。**otanitakashi0@gmail.com**
　これは私の勝手な印象だが、シオランの読者には、はまる人はとことんはまるものの、その何年か後に「卒業」してしまうケースも多いようだ（もっとも、ファンというのは一般的にそういうものかもしれない）。彼を求める人とは、いわば自分の毒を持てあますあまり、もっと強い毒を摂取しないとおかしくなってしまう人たちである。そういう人たちが彼の毒気を好んで吸い込み続けると、かえって自分から毒気が抜けたり、毒自体を受け付けなくなったりするのかもしれない。あるいは、自分の言いたいことをあまりに彼に言ってもらったせいで、それが自分の言いたいことではなくなってしまうのかもしれない。

それはそれで悪いことではないだろう。世の中にはどうしたってペシミストにしかなれない人も存在する。シオランはそういう人たちのための思想家である。もしある人が彼の本を手にとって、むさぼり読むことによって（あるいは単に疲れて）、彼を必要としなくなっても、それでいいのだろう。同じように彼に惹かれる人は出てくるのだから――ただし個人的な印象では、彼を誰も必要としなくなるときには、人類はなんらかの意味でおしまいになっているのではないか、と思うのだけれども。他方で、彼がベストセラー作家になる世界も、もうおしまいだという気がする。難儀な思想家である。

本書を構成するに際し、これまでに公にした次の原稿を利用した。改変している場合もあれば、文章をそのまま使用した場合もある。

1.「生きる知恵としてのペシミズム――シオランにおける憎悪とペシミズム――」『早

稲田大学大学院文学研究科紀要　第1分冊』第59輯、131-143頁、2014年。

2．「生きたくもないし死にたくもない」第2回戸山哲学コロキウム、2015年11月20日、於早稲田大学戸山キャンパス（口頭発表）。

3．「この世界がつらいのはどう考えても生まれないために何もしなかったお前らが悪い——あるいはシオランのペシミズムについて——」『アレ』Vol．3、205-219頁、2017年（筆名：せみ）。

最後に、本書のタイトルに関して。私は本についてはタイトルさえ素晴らしければ、あとは内容などどうでもいいと思ってしまいがちだ（シオランもその傾向がある）。そういう意味では、本書のタイトルは、決して私の本意ではない。本を出すこと、そして売れること＝読まれることと品位のバランスの問題は、本当に難しい。本を出し続けたシオランのことをさんざんああだこうだ言い、そして文庫化を望んだシオランの弱さをあげつらっておいて、まさか自分が似たような状況に陥るとは思わなかった。シオランも言っているとおり、「恥知らずにも限度がある」。ただ、結果として、彼のことをよりよく理解できた気がする。

本書は、星海社編集者の石川詩悠さんがいなければ生まれなかった。私がシオランについて書いた論文を、石川さんに発見していただいたときから、本書は始まった。もし、子供と同じように、またひとつ本を生むことが悪であるなら、著者である私はもちろんのこと、石川さんにも大いに責任があると言わなければならない。あらためて御礼を申し上げるとともに、数々のご迷惑についてお詫びしたい。

つくみずさんには、シオランについての本の表紙イラストという、大変難しいお仕事をお受けいただいたばかりか、とても素敵なイラストを描いていただいた。心より感謝申し上げたい。

本書の執筆にあたっては、岡田聡さん、蒲谷美里さん、峰尾公也さんに、原稿およびタイトルについてご相談させていただき、忌憚のない意見をいただいた。重ねて感謝申し上げる。

2019年11月　ルーマニア、クルージュ＝ナポカ　大谷崇

参考文献

シオランの著作（本書で言及、利用したもののみ）

『絶望のきわみで』金井裕訳、紀伊國屋書店、1991年。
『欺瞞の書』金井裕訳、法政大学出版局、1995年。
『ルーマニアの変容』金井裕訳、法政大学出版局、2013年。
『涙と聖者』金井裕訳、紀伊國屋書店、1990年。
『思想の黄昏』金井裕訳、紀伊國屋書店、1993年
『敗者の祈禱書』金井裕訳、法政大学出版局、1996年。
『崩壊概論』有田忠郎訳、国文社、1975年。
『苦渋の三段論法』及川馥訳、国文社、1976年。
『実存の誘惑』篠田知和基訳、国文社、1975年。
『歴史とユートピア』出口裕弘訳、紀伊國屋書店、1967年。
『時間への失墜』金井裕訳、国文社、［1984］2004年。
『悪しき造物主』金井裕訳、法政大学出版局、1984年。
『生誕の災厄』出口裕弘訳、紀伊國屋書店、［1976］1985年。

『深淵の鍵』出口裕弘・及川馥・原ひろし訳、国文社、１９７７年。
『四つ裂きの刑』金井裕訳、法政大学出版局、１９８６年。
『オマージュの試み』金井裕訳、法政大学出版局、１９８８年。
『告白と呪詛』出口裕弘訳、紀伊國屋書店、１９９４年。
『シオラン対談集』金井裕訳、法政大学出版局、１９９８年。
『カイエ１９５７－１９７２』金井裕訳、法政大学出版局、２００６年。
Emil Cioran, *Revelațiile durerii* ［苦悩の啓示］, Cluj-Napoca, Editura Echinox, 1990.
Emil Cioran, *Singurătate și destin* ［孤独と運命］, București, Humanitas, 1991.
Cioran, *Œuvres*, Paris, Gallimard, « Collection Quarto », 1995.
Emil Cioran, *Scrisori către Wolfgang Kraus 1971-1990* ［ヴォルフガング・クラウスへの手紙１９７１－１９９０］, București, Humanitas, 2009.
Cioran, *Cahier de Talamanca: Ibiza (31 juillet - 25 août 1966)*, Paris, Mercure de France, 2008.
Cioran, *Œuvres*, Paris, Gallimard, « Bibliothèque de la Pléiade », 2011.
Emil Cioran, *Despre Franța* ［フランスについて］, București, Humanitas, 2011.
Emil Cioran, *Opere* ［著作集］, București, Editura Fundației Naționale pentru Știință și Artă, 2012.

シオランの生涯

パトリス・ボロン『異端者シオラン』金井裕訳、法政大学出版局、２００２年。
Cioran, Paris, L'Herne, « Cahiers de l'Herne », 2009.

Marta Petreu, *Cioran sau un trecut deocheat*, Iaşi, Editura Polirom, 2011.

Ilinca Zarifopol-Johnston, *Searching for Cioran*, Bloomington, Indiana University Press, 2009.

第一部

ウジェーヌ・イヨネスコ『イヨネスコ戯曲全集第3』大久保輝臣他訳、白水社、１９６９年。

カミュ『シーシュポスの神話』清水徹訳、新潮文庫、１９６８年。

ジャン＝ポール・サルトル『存在と無——現象学的存在論の試みIII』松浪信三郎訳、ちくま学芸文庫、２００８年。

ショウペンハウエル『自殺について他四篇』斎藤信治訳、岩波文庫、１９７９年。

ショーペンハウアー『意志と表象としての世界III』西尾幹二訳、中公クラシックス、２００４年。

オマル・ハイヤーム『ルバイヤート』小川亮作訳、岩波文庫、１９４８年。

パスカル『パンセI』前田陽一・由木康訳、中公クラシックス、２００１年。

エマニュエル・レヴィナス『実存から実存者へ』西谷修訳、ちくま学芸文庫、２００５年。

ジェイソン・ワイス『危険を冒して書く：異色作家たちへのパリ・インタヴュー』浅野敏夫訳、法政大学出版局、１９９３年。

Norbert Dodille & Gabriel Liiceanu, *Lectures de Cioran*, Paris, L'Harmattan, 1997.

Gabriel Liiceanu, *Itinerariile unei vieţi: E. M. Cioran* [ある生の旅程：Ｅ・Ｍ・シオラン], Bucureşti, Humanitas, 1995.

Marta Petreu, *Despre bolile filosofilor: Cioran* [哲学者たちの病気について：シオラン], Cluj-Napoca, Editura Biblioteca Apostrof, & Iași, Editura Polirom, 2008.

第二部

ジャン・アメリー『自らに手をくだし：自死について』大河内了義訳、法政大学出版局、１９８７年。
シルヴィー・ジョドー『シオラン：あるいは最後の人間』金井裕訳、法政大学出版局、１９９７年。
藤本拓也「シオラン宗教思想の研究：神への欲求と無信仰」博士論文、東京大学、２０１２年。
Norbert Dodille & Gabriel Liiceanu, *Lectures de Cioran*, Paris, L'Harmattan, 1997.
Gabriel Liiceanu, *Itinerariile unei vieți: E. M. Cioran* [ある生の旅程：Ｅ・Ｍ・シオラン], București, Humanitas, 1995.
Friedgard Thoma, *Um nichts in der Welt. Eine Liebe von Cioran*, Bonn, Weidle Verlag, 2001.
Ilinca Zarifopol-Johnston, *Searching for Cioran*, Bloomington, Indiana University Press, 2009.

生《う》まれてきたことが苦《くる》しいあなたに

最強《さいきょう》のペシミスト・シオランの思想《しそう》

二〇一九年一二月二五日 第一刷発行
二〇二三年 四 月一四日 第 七 刷発行

著者 大谷崇《おおたにたかし》

発行者 太田克史《おおたかつし》
編集担当 石川詩悠《いしかわしゆう》

アートディレクター 吉岡秀典《よしおかひでのり》（セプテンバーカウボーイ）
デザイナー 五十嵐《いがらし》ユミ
フォントディレクター 紺野慎一《こんのしんいち》
校閲 鷗来堂《おうらいどう》

発行所 株式会社星海社
〒一一二-〇〇一三
東京都文京区音羽一-一七-一四 音羽YKビル四階
電話 〇三-六九〇二-一七三〇
FAX 〇三-六九〇二-一七三一
https://www.seikaisha.co.jp

発売元 株式会社講談社
〒一一二-八〇〇一
東京都文京区音羽二-一二-二一
(販売) 〇三-五三九五-五八一七
(業務) 〇三-五三九五-三六一五

印刷所 凸版印刷株式会社
製本所 株式会社国宝社

ISBN978-4-06-515162-4
Printed in Japan

158
SEIKAISHA SHINSHO

次世代による次世代のための

武器としての教養
星海社新書

星海社新書は、困難な時代にあっても前向きに自分の人生を切り開いていこうとする次世代の人間に向けて、ここに創刊いたします。本の力を思いきり信じて、**みなさんと一緒に新しい時代の新しい価値観を創っていきたい。若い力で、世界を変えていきたいのです。**

本には、その力があります。読者であるあなたが、そこから何かを読み取り、それを自らの血肉にすることができれば、一冊の本の存在によって、あなたの人生は一瞬にして変わってしまうでしょう。**思考が変われば行動が変わり、行動が変われば生き方が変わります。**著者をはじめ、本作りに関わる多くの人の想いがそのまま形となった、文化的遺伝子としての本には、大げささではなく、それだけの力が宿っていると思うのです。

沈下していく地盤の上で、他のみんなと一緒に身動きが取れないまま、大きな穴へと落ちていくのか？　それとも、重力に逆らって立ち上がり、前を向いて最前線で戦っていくことを選ぶのか？

星海社新書の目的は、**戦うことを選んだ次世代の仲間たちに「武器としての教養」をくばることです。**知的好奇心を満たすだけでなく、自らの力で未来を切り開いていくための〝武器〟としても使える知のかたちを、シリーズとしてまとめていきたいと思います。

2011年9月

星海社新書初代編集長　柿内芳文

SEIKAISHA SHINSHO